쉬운 미국말 따라하기

쉬운 미국말 따라하기

미국공항 이민국 세관수속 절차 영어

초판 1쇄 인쇄일 2016년 7월 22일
초판 1쇄 발행일 2016년 7월 28일

지은이 데니스 김(Dennis Kim)
펴낸이 양옥매
디자인 황순하
교정 조준경

펴낸곳 도서출판 책과나무
출판등록 제2012-000376
주소 서울특별시 마포구 방울내로 79이노빌딩 302호
대표전화 02.372.1537 **팩스** 02.372.1538
이메일 booknamu2007@naver.com
홈페이지 www.booknamu.com
ISBN 979-11-5776-238-5(13740)

이 도서의 국립중앙도서관 출판시도서목록(CIP)은 서지정보유통지원 시스템
홈페이지(http://seoji.nl.go.kr)와 국가자료공동목록시스템
(http://www.nl.go.kr/kolisnet)에서 이용하실 수 있습니다.
(CIP제어번호 : CIP2016017729)

2016
새로운 최신
회화 책

미국공항 이민국 세관수속 절차 영어

쉬운

미국말

따라하기

데니스 김 지음

책나무

책을
내게 된 동기 ─────────→

오랜 기간 미국세관 · 이민국 직원으로서 엘파소 국경과 샌프란 시스코 공항, 씨택 공항에서 근무하며, 미국에 오는 세계인들을 입국수속 하면서 유럽인과는 비교가 안 될 만큼 아시아인들의 생활영어가 많이 모자람을 보아 왔습니다.

세계에서 대학졸업자가 최고 수준에 달하는 한국 지식인들이 영어 공부를 많이 하고도 간단한 입국수속 미국말에서조차 너무도 약한 모습을 보이는 상황을 지켜보며, 나중에 은퇴하면 한국에 나가 사회생활에 필요한 실미국말을 쉽게 배우는 방법을 알려 주자는 마음을 먹고 오래전부터 준비했습니다.

그리고 은퇴 후, 서울에 나가 청담 학원, 초 · 중 · 대학교와 교회 여러 곳을 다니며 무료 봉사로 미국말을 쉽게 가르쳐 주겠다고 하였으나, 모두가 한결같이 "20-30대의 젊은 교사만 채용한다."

라고 말하거나 "우리 국제영어부에서" 아니면 "원어민 교사가" 있어서 잘하고 있다며, 어느 한 군데에서도 발 디딜 자리를 주지 않았습니다. 한 유명한 TV 방송의 아침 프로그램 담당자에게도 부탁했으나, 그곳에서 역시 기회를 주지 않았지요.

한 달만 봉사하면 누구나 쉽게 미국말을 할 수 있는데 알려 줄 방법이 없어 고민하던 차에, 이미 서점에 가면 너무도 많은 영어회화 책이 있으나 이렇게 도움을 주고자 책을 발간하게 되었습니다. 이 책은 많은 어느 책보다 가장 실질적인 쉬운 미국말 책입니다.

이민 1세로서 미국말을 배우기 위해 한국군 대위가 미군사병으로 군에 입대하여 젊은 미국인들과 군 병영 생활을 같이하며 몸소 체험하며 배웠고, 미국정규 대학을 졸업한 후 연방 공무원으로 백인주류사회에서 35년 넘게 근무하면서 미국 사회 말을 직접 배웠습니다. 시중에 영어회화 책이 많지만, 이렇게 직접 생활하며 배워 쓴 책은 오직 이 책뿐입니다. 다른 회화 책과는 다르다고 자신할 수 있습니다.

사실 미국말은 그렇게 어렵지 않습니다. 책방에 많은 일부 회화 책들은 실생활 영어로는 분량이 너무 많고 다양할 뿐만 아니라, 심지어는 실생활에서는 자주 사용되지 않는 말들이 많이 있습니다. 어느 나라 말도 학문으로서 공부하는 것이 아니라 말로 시작

해야 하며, 그것도 꼭 실생활에서 매일 사용되는 말들을 알면 대화가 충분히 가능합니다.

매일 방영되는 미국 TV 뉴스를 듣고 생활영어에 사용되는 미국말만 선택했으며, 분량도 다른 회화 책처럼 많지 않고 경우에 따라 꼭 필요한 말들만 모아 놓은 책입니다. 영어회화 책이 너무 많고, 영어학원 역시 많지요? 그런데 지금까지 거기서 공부하여 영어로 제대로 말합니까?

아닐 겁니다. 그러나 이 책은 한 달 공부로도 충분히 미국말을 배울 수 있습니다. 이제 이 책으로 쉽게 빨리 미국말을 배워서 편안한 해외여행을 하세요. 미리 모든 과정을 거쳤기에, 필요한 말만 간추렸으니 가능합니다.

매일 일상생활에 사용되는 말은 어느 나라 말이든 같은 말들이 매일 되풀이될 뿐이어서 사실 매일 일상생활에 필요한 말들은 그리 많지 않습니다. 50여 말만 알면 웬만한 미국말을 할 수 있습니다.

40년 넘는 긴 시간 동안 이민 1세로서 미국 사회 속에서 직접 부딪치며 배운 미국 일상생활 말들이 이 책에 들어 있습니다. 이 책대로 열심히만 한다면, 그렇게 어렵던 미국말, 영어를 당신도 충분히 쉽게 소통할 수 있습니다.

이 책으로 한 번만 더 도전해 보세요. 절대 후회하지 않을 겁니다. 한 달의 시간만 투자하면, 실제로 당장 사용되는 말들을 어렵지 않게 익힐 수 있습니다. 해외여행 시 비행기 안에서 주고받는 말들이며 공항에 내려 이민국, 세관수속절차에서 알아야 할 말들, 길을 묻는 말들, 은행구좌를 열 때 필요한 말들, 백화점에서 물건을 살 때 알아야 할 말들, 병원 약속이나 호텔 예약시 알아야 할 말들 등 여행시나 거주시 꼭 알아야 할 말들만 편리하고 이해하기 쉽게 나열한 미국말 책입니다.

이 책으로 쉽게 공부하여 한국 사람 모두가 생활영어를 잘하여 세계 속 한국인의 지위를 높이고, 영어 · 미국말의 실력이 획기적으로 진전하여 세계인들에게 한국인의 긍지와 자부심을 보여 주기를 바랍니다.

■ 미 공군예비군 은퇴

· 1973년 미국 이민
· 미 University of Washington 졸업, 범죄수사학 전공
· 미 공군 예비군 은퇴
· 미 연방공무원 은퇴 (GS-13, Supervisory CBP Officer)

Notice for the U.S. Government Official:
This booklet is for the private study of conversational English only. All my photos are used to substantiate positions I had held. All photos simply explain that prior positions were related to the English Speaking.

■ University of Washington 대학 졸업 학위

■ 연방공무원 근무 사진

■ 이민 전 미8군 카투사 파견대장(대위)
　지휘관과 육대총장 방문

Contens 쉬운 미국말 책 >>

01 CHAPTER
미국말, 어떻게 공부할까?

- 왜 영어를 배워야 하나?   14p
- 실생활 단어가 중요한 이유   15p
- 한국 땅의 수많은 기러기 가족에게   18p
- 한 달이면 미국말 할 수 있다   20p
- 왜 소리 내어 읽어야 할까?   22p
- 미국말 발음에 대한 조언   24p
- 어려운 영어 발음, 저절로 해결하는 문장 소개   26p

02 CHAPTER
매일 생활 기초 미국말

1 자기소개하기 (Introducing myself)   40p
2 기러기 가족과 원어민 학원 학생들을 위한 대화   44p

딸과의 아침 대화 / 딸과의 오후 대화 / 학교에서의 수업 / 자녀 와
부모의 공부, 장래희망에 대한 대화

3 일반인을 위한 대화 59p

외국인과의 대화 / 아파서 결근할 때 / 이발소에서의 대화 / 의사와의 약속 / 치과와의 약속 / 약국에서 필요한 말들 / 오는 전화 받는 요령 / 누군가에게 전화할 때 / 은행에서 새 계좌 열기 / 직장 동료, 상사와의 대화 / 미국에서의 교통법규 / 미국에서의 분리수거

4 해외여행(Oversea travel) 95p

미국행 비행기에서부터 입국수속 절차 / 길을 물을 때 / 호텔 예약하기 / 차 렌트 / 쇼핑하기 / 음식 주문하기

5 대화를 주고받을 때의 대답 119p

Yes 대신 사용 가능한 말들 / 강력한 No 의사표현들 / 그 외 다양한 의사표현들

업그레이드 실생활 미국말

- 미국 방송에 자주 등장하는 단어들   128p
- 영어 공부를 위한 좋은 말들   147p
- 미국 군대에 대한 단어들   148p
- 미국 국기에 대한 선서와 국가   151p

미국말, 어떻게 공부할까?

여러분! 하루 종일 아침부터 잘 때까지 한 말의 단어를 세어 보세요. 한국말도 그리 많은 단어를 사용하지 않고 그 말들을 매일 반복하고 있으며, 미국말도 그렇습니다. 사전에 있는 수많은 단어가 사용되지 않으며 2-3천 단어만 매일 반복하여 사용되는 게 말입니다. 그래서 50여 문장만 알면 사실은 대화 가능하며, 말이란 생각 않고 바로 나와야 해서 반드시 외우는 게 제일입니다.

─────────→ 미국 사회에서 매일 사용되는 일상생활 언어는 그리 많지 않습니다. 이 책에서 매일 반복되어 사용되는 미국말 **50-100** 문장을 공부하면, 웬만한 일상생활의 미국말을 할 수 있습니다.

미리 배운 선배로서 부탁합니다. 반드시 아래대로 하세요.

■ 매일 여기 글(영어)을 30여분 소리 내어 읽고,

■ 2부에서 아니면 2~3부에서 50-100 문장만 골라 외워
대화부터 시작하고,

■ 3부의 실생활 미국말 들을 선택하여 대화 폭을 다양하게 넓히는 겁니다.

　해외도 가지 않고, 원어민 학원도 가지 않고 혼자 집에서 충분히 할 수 있습니다. 믿고 따라오세요. 그렇게 될 겁니다.

이 미국말 책으로 말하는 쉬운방법의 **key point,** ─ 즉 요령은 하루에 5문장을 무조건 외우는 겁니다. 온전히 외우기 전까지는 진도를 나가지 말고, 외운 후 또 5문장을 그리고 또 5문장 순으로 외워 나가야 합니다.

왜
영어말을 배워야 하나?

얼마전 TV에서 방영된 인기 있는 프로그램이 있습니다. 바로
〈꽃보다 할배〉입니다.

그때 가장 많이 나오는 장면이 있습니다. 바로 어르신 배우분들
이 해외여행에서 영어 때문에 애를 먹는 장면입니다. 그분들과 비
교가 되도록 미인 인기배우인 최지우는 그런대로 영어를 하여 여
행을 잘하는 모습을 볼 수 있지요?

해외여행을 가면 가장 필수적인 것이 바로 '영어'입니다. 왜 영
어를 해야 하는지, 왜 영어를 배워야 하는지 아시겠지요? 열심히
이 책으로 배워 즐거운 해외여행을 하세요. 왜 영어를 배워야 하
는지 이제 아시니까 말이죠.

실생활
단어가 중요한 이유

이 책에서 소개하는 단어 하나하나는 실제로 생활하면서 실수를 하며 배운 단어들입니다. 여기서 예로 동료 직원들과 대화 속에서의 일들을 소개합니다.

하루는 동료 직원이 나한테 인사하며 어제 '허니아'가 있었다고 했습니다. 나는 '허니아'가 무슨 말인지 몰라 아무 말도 하지 못했어요.

그로부터 얼마가 지난 후, TV 지방뉴스에서 '허니아'라는 말이 나오니, 간호원인 아내가 알아듣고는 "저 사람, 탈장됐구나!"라고 하는 것입니다. 그제야 허니아(hernia)가 탈장인 걸 알았지요. 만일 동료 직원으로부터 그 말을 들었을 때 이미 그 뜻을 알았더라면, 동료 직원이 그 말을 할 때 "아, 그래. 아팠겠구나." 했을 걸 아무 말도 없었으니 큰 실수를 한 것이지요. 이렇게 어렵게 이 단어를 알게 되었답니다.

그리고 다른 예도 있습니다. 다른 직원이 자기 집에 초청하며 "거기에 도착하면 내 집은 컬디색 한가운데 집이다." 하는데, '컬디색'이 뭔지도 모르고 도착해 보니, 원형으로 된 도로가에 집들이 있었습니다. 그 가운데 집, 즉 한길로 들어가 돌아 나오는 원형 도로를 'cul-de-sac'임을 알았습니다.

그런데 그때 친구가 말하길, "그 길로 가면 길이 '포크'로 변하는데⋯⋯." 하는 겁니다. 즉, 한길이 가다가 2-3개의 여러 길로 갈라지는 걸 'this road becomes fork'라 표현하는 걸 알았지요.

한번은 뉴스에서 "스톨카로 교통이 마비되었다."고 하길래 도로에 고장 나 서 있는 차를 'stalled'라고 부르는 것을 알게 되었습니다.

또 다른 날 TV 뉴스에서 아동성범죄자가 감옥에서 나온 후 경찰에 주거지신고를 안 하고 옆집에 살다가 발각이 되었는데, 옆집에 사는 남자가 저런 끔찍한 범죄자 '프레데이터'라고 해서 'predator'라는 단어를 배웠어요. 또 하나, 뉴스에 '인종 그레히티'가 도로가 건물 벽에 써 있는 걸 보여 줘, "아, 낙서를 'graffiti'라 하는군." 하고 알게 되었습니다.

이렇게 살면서 실수를 하며 하나하나 모은 중요한 단어들을 이 책에 엮었습니다. 절대 사전이나 책에서 아무 뜻 없이 빼 온 단어들이 아닙니다. 그래서 이 책이 다르다는 얘기입니다.

총 3부로 구성된 이 책은, 먼저 1부에는 영어의 필요성과 공부 요령에 대해 적었고, 2부에는 가장 기본적인 매일 생활 기초 말들을 적었습니다. 이 기초 말이 익숙해진 후 더 깊이 들어가 생활에 꼭 필요한 여러 말들을 3부로 엮었습니다. 3부는 미국에서 매일 TV로 방영되는 지방 뉴스와 ABC, CBS, NBC, CNN 등 주요 세계 뉴스에 자주 나오는 말들, 커다란 행사 때마다 부르는 미국 애국가, 그리고 학부모 모임 때마다 학교에서 하는 학교선서 등을 도움이 되도록 실었습니다.

한국 땅의
수많은 기러기 가족에게

　영어를 못하는 어린 학생을 외국학교에 보내면 영어를 하기까지 적어도 6개월, 1~2년까지도 걸리며 외국 학생들의 놀림거리가 되고 왕따 생활을 해야 합니다. 그리고 이는 커다란 정신적인 고통으로 악화되지요. 외국이라 하여 영어를 쉽게 배울 수 있는 것은 아닙니다. 다소 충격적인 이야기이기는 하나, 버지니아대학 조 군의 총격사건도 조 군이 좀 더 예민하여 어린 나이에 미국에 와 미국말 때문에 받은 정신적 고통이 큰 영향을 끼쳤다고 봅니다.

　외국에 어린 학생을 보내고 기러기 아빠 생활을 하지 마시고, 이 책으로 기초를 닦아 외국에 가지 않고 집에서 충분히 미국말을 배울 수 있습니다. 그렇게 하여 건강한 자녀를 그리고 행복한 가정을 지키세요. 어린 학생을 위해 엄마와 같이 영어를 집에서 쉽게 공부하도록, 아침부터의 생활 순서를 한국말을 영어로 번역하여 나열했습니다.

이 미국말 책을 집필한 저는 이민 1세로서 미국의 생활영어를 배우기 위해 미군에 입대하여 병영 생활을 같이하며 그들의 일상생활 영어를 배웠고, 그 후 미국 워싱턴 대학을 졸업한 후 시험에 합격 연방공무원(C.B.P. the Homeland Security, the Federal Law Enforcement) 근무를 35년 동안 하며 직접 백인들을 상대로 실용영어를 배웠습니다. 그리고 백인 주류의 공무원 속에서 영어와 근무 능력을 인정받아 GS-13 Supervisory Officer까지 진급하였으니, 영어를 가르칠 충분한 능력이 있다고 봅니다.

이 책은 미국 국민들이 일상생활에 사용하는 미국말을 주로 실었습니다. 꾸준히 그리고 착실히 시도해 보세요. 가능합니다. 돈도 절약하고 더불어 행복한 가정을 지키세요.

한 달이면
미국말 할 수 있다

영어를 복잡하고 어렵게 생각하지 마세요. 영어란 우리가 일상
생활에서 한국말로 하는 것을 그저 영어로 하는 것일 뿐입니다. 대
학에서 하는 강의도 아니요, 연설도 아니요, 고상하고 어려우며
지식 있는 걸 표현하는 게 영어가 아니라, 우리가 매일 일상생활에
서 하는 말을 한국어 대신 영어로 하는 것입니다. 그래서 가장 기
본적인 말을 하면 영어를 하는 겁니다.

아침부터 일상생활에서 사용하는 동안 이루어지는 일련의 한국
말을 영어, 즉 미국말로 번역하여 나열했으니 이걸 하면 영어, 미
국말을 하는 것이며 이게 바로 영어입니다.

한 달이면 미국말을 할 수 있다는 뜻은, 2부에서 자신소개로 시
작하여 처음 묻는 말 그리고 한국에 온 지 얼마며 어디서 왔고 무
슨 음식을 좋아하며 무슨 일로 왔는가, 도울 것은 없는가 등의 말

과 길 묻는 말, 모르는 외국인과 길에서 주고받는 대화에 필요한 50-100여 문장을 외우면 대화로 영어를 말할 수 있다는 뜻입니다. 이 기본 대화를 하면 미국말을 하는 것이며, 여기서부터는 스스로 더 많은 대화로 대화의 폭을 넓혀 나갈 수 있습니다. 하루에 5문장을 온전히 외우는 겁니다. 그리고 또 5문장으로 확장해 나가면 됩니다.

  50-100 문장까지 외우는 시간은 한 달이면 충분합니다. 쉽게 이 책으로 해 보세요. 그리고 외국인과 대화도 하고 해외여행에서도 재미있게 대화해 보세요. 그리고 3부로 가서 폭을 넓히는 겁니다.

왜
소리 내어 읽어야 할까?

왜 영어 문장을 매일 소리 내어 읽어야 할까요? 지금부터 제가 실제로 겪은 일을 토대로 발음의 중요성에 대해 설명하려 합니다.

변호사 사무실로 전화하여 "애터니 사무실이지요?" 하니까 미국 여직원이 "what?" 하며 못 알아들어서 천천히 "애터니"라고 여러 번 말해도 못 알아들어서 스펠링을 얘기했더니, "애터니" 하며 '터'에 악센트를 하더군요. 한국식으로 악센트 없이 "애터니"라고 해서 못 알아들었던 것입니다.

이와 마찬가지로, '오렌지'도 '아렌지'라 해서 알아들은 게 아니고, 아렌지든 오렌지든 첫째 '오'에 악센트를 넣어 발음해야 '오'든 '아'든 "오렌지"가 되어 알아듣는 겁니다.

군대 생활을 할 때의 일입니다. 아침에 식당에서 계란 식사를 주문하는데 "오버이지"라고 했습니다. 그러자 쿡이 "what?" 하며 못 알아들어서 또다시 "오버리지"라고 말해도 여전히 못 알아듣기는 마찬가지였습니다. 뒤에 줄줄이 사람이 서 있는데 창피하여 "Do you speak English?" 하니까 "I think so." 하더군요. 그래서 스펠링을 말하니 "oh, 오버리지." 하는 겁니다. 악센트 없이 "오버리지" 하니 알아듣질 못한 겁니다.

'Ladder'의 발음도 마찬가지입니다. "래더" 하고 "R" 발음하면 알아듣지 못합니다. "래더"라고 "L,L"을 강하게 발음해야 사다리인 '래더'로 알아듣지요. 미국 가게에 들어가 사다리를 찾으면 다른 곳으로 안내하게 되지요.

이렇듯 미국말은 우리말과 달라서 학교에서 배운 단어로는 어려움이 있습니다. 그래서 영어로 된 문장을 매일 소리 내어 읽으면, 그들과 같이 악센트도 들어가고 발음도 미국식으로 나오게 되지요. 그러니 매일 소리 내어 읽는 방법뿐이 없는 겁니다. 반드시 소리 내어 매일 읽으세요. 미국 아이들이 자라면서 어려운 발음 공부부터 안 합니다. 마미, 대리, 헝그리 등 필요한 말을 하며 미국말을 하면서 저절로 발음이 나오는 거며 자주 읽으면 그리 됩니다. 그래서 매일 30분 이상 소리 내어 읽으면 됩니다.

미국말
발음에 대한 조언

　미국에서 태어나 자란 2세들이야 문제없으나, 한국말만 하다 미국에 이민 온 이민 1세, 즉 나 같은 사람들에게는 영어가 큰 골칫거리였습니다. 그래서 많은 이들이 일찌감치 미국말을 포기하고 영어 없이 하기 쉬운 자영업을 시작하기도 하여 한인사회에서 한국말을 하며 오래 살다 보니, 간단한 대화는 할 수 있지만 이런 사회 속의 깊은 단어들을 많이 아는 이는 많지 않다고 봅니다. 그러나 본인은 군에 입대하여 또 그들과 직업으로 대하며 몸소 배운 값진 단어들이지요.

　미국 발음에 대한 조언을 하나 하자면, 'Hot dog', 'talk show', 'workshop'과 같이 'g', 'k', 'p' 등으로 끝나는 발음에 대해서는 한국식으로 '핫도그', '토크쑈', '워크쑵'과 같이 없는 '으' 발음을 더하지 마세요. 미국식은 '핫독', '톡쑈', '웍쑵'과 같이 '으' 발음을 더하지 않습니다.

참고로, 미국말을 배우기 전에 중요한 영어의 존경어(Respecting word)에 대해 알고 넘어가도록 합시다. 영어는 한국말처럼 어른에 대한 존경어가 따로 없습니다. 그러나 영어는 어른에 대한 존경어를 분명 다르게 표현합니다. 남자에겐 'MR', 'Sir' 여자에겐 'MRS', 'Madam', 'Mam'입니다. 그리고 문장마다 'please'란 단어를 사용하여 존경을 표현합니다.

그리고 이름 부르는 것도 다릅니다. 흔히 부부 사이에서도 첫 이름을 부르고 부부뿐 아니라 사돈 간에도 첫 이름을 부릅니다. 직장에선 직책과 이름을 주로 부릅니다. 직장에서도 친한 사이끼리는 첫 이름을 부릅니다.

어려운 영어 발음,
저절로 해결하는 문장 소개

※ 아래 영어를 반복해서 수백 번 읽기만 하세요. 아래 영어는 다른 문장
으로 대처하지 말고 계속 읽어 외워도 됩니다.

이 책의 실질적인 공부(2~3장)에 앞서 'F', 'TH', 'L' 등 어려운
영어 발음을 위하여 소리 내어 읽으라고 영어 문장을 게재했습니
다. 매일 소리 내어 두 번 이상 읽기만 하세요. 뜻은 이해하면 좋
고, 이해하지 못해도 상관없습니다.

미국 사람들은 어려서부터 어려운 발음을 공부하진 않습니다.
영어는 말하면 스스로 어려운 발음이 나옵니다. 그래서 소리 내어
매일 읽어야 하며, 수십 번씩 읽다 보면 영어 발음이 나올 뿐 아니
라 어디서 쉬어야 하는지, 그 구절도 저절로 알게 됩니다. 무조건
읽으세요. 그러면 발음은 저절로 해결됩니다.

아래 글은 나의 집으로 배달된 편지 중 이해하기 쉬운 여러 문장을 골라 실은 것입니다. 이해되든 안 되든 소리 내어 매일 읽으세요. 'th', 'f', 'L', 'r' 등 어려운 발음을 저절로 발음하게 됩니다. 반드시 아래 문장만 반복, 소리 내어 하루 2-3번 매일 읽으세요. 외워져도 좋고 처음에는 느리지만 갈수록 빨라지고 쉬워집니다. 얼마나 열심히 읽느냐에 따라서 아래 문장을 처음부터 모두 읽지 말고 30분 정도 분량만 쉬운 문장을 선택하여 읽기 시작하고, 익숙해지면 문장의 양을 넓혀 가세요.

Dear Sir,

Thank you for participating in the Men's Health seminar at Pacific Centers. We hope you enjoyed the event and found the information useful in your life.

At PacCent, we've found that our patients enjoy our multi-specialty network because of the collaboration that takes place between patients and their healthcare team. And no matter how complex your situation, we coordinate referrals between departments with ease, which is key to helping you live your best life.

In addition, we are flexible with our hours and scheduling so that receiving care is easy to work into your calendar. Our patients enjoy extended clinic hours, weekend appointments, a full range of specialty care and same-day primary care appointments for when they just can't wait to see a doctor. Also, most of our neighborhood clinics offer onsite X-ray, pharmacy and lab.

If you are looking for a healthcare provider, we would be happy to help you find the care you need. Even if you're in good health, it's important to see your doctor regularly for a checkup to catch any problems early. Plus, we accept most major health insurance plans, including Health Insurance Exchange options so you know you're covered.

Dietitians help patients incorporate food and exercise into a healthy lifestyle. They advise patients on what to eat and help them set and reach health goals. Dietitians can address various issues such as weight loss, food allergies, diabetes, kidney disease and nutrition. Seeing a dietitian can get you on the right path to better health.

General Health Tips.

1. Make half your plate fruits and vegetables.

   Eat a variety of vegetables, whether fresh or frozen. Choose dark-green, red and orange vegetables.

2. Make at least half your grains whole.

   Choose 100% whole grain breads, crackers, pasta and brown rice. Also look for fiber-rich cereals. Aim for at least 3 grams of fiber per serving.

3. Use low-fat milk, yogurt and cheeses.

   Include three servings of dairy per day. If you are lactose intolerant, try lactose-free milk or calcium-fortified soy milk.

4. Cut back on sodium. Avoid empty calories from solid fats and added sugar.

   Add spices and herbs to flavor food instead of salt. Shop for low-salt or reduced-salt products. Use olive oil for cooking rather than butter to reduce saturated fat intake. Drink water instead of sugary drinks and select fruit for dessert.

5. Enjoy foods but eat less.

Use smaller plates, bowls and glasses for portion control. Cook at home more often so you are in control of what goes in your food. Write down what you eat to keep track of how much you eat.

6. Stay physically active.

Pick physical activities that you like. Start slowly and build up as you become stronger. Health benefits increase as you become more active.

Dear P Family Health Plan member:

It is with pleasure that we send you the latest edition of your P Family Health Plan Handbook. This handbook is an important resource for learning about all aspects of your P Family Health Plan membership. We have designed the handbook to be easy to use. A quick reference Guide: in the front supplies important phone numbers and fast facts. We encourage you to add your primary care provider's name and clinic phone number for easy reference.

Also enclosed is a flyer about the Ask Me 3 program. This program helps you establish clear communications with your healthcare team. Use the Ask Me 3 questions to better understand your health as you talk with your provider during healthcare visits.

We have also included a brochure about the More Benefits Discount Program. This program adds value to your P Family Health Plan membership. It offers discounts for health products and services not covered by your health insurance. In the next month, the program will be enhanced by the introduction of L Balance. This wellness program will give you access to benefits and savings at thousands of recreational, cultural and wellness focused vendors. L Balance also brings you many online health and wellness tools to help you lead a healthy and active life. Please be on the lookout for more information about this program in the coming weeks.

As always, the Member Services team is at the ready! We are here to help you with any questions or issues you may have as a P Health Plan member. Our Member Services representatives are dedicated to helping you. Look to them for general information about the plan. Plus, each representative is highly skilled in responding to individual P member inquiries. We hope you find the new Member Handbook an excellent resource. If you cannot find an answer to your question about P Family Health Plan, please call Member Services.

Thank you for your service—and thank you for choosing P Family Health Plan to serve your healthcare needs.

What is the Ask Me 3 Program?

Ask Me 3 is a program that will help you establish clear communication with your healthcare team. Your healthcare team consists of your medical provider, your pharmacist, your nurse, your therapist and YOU. This brochure should be used as a tool. It can help you remember important questions and issues you wish to discuss during your visit.

Ask me 3 refers to three questions for you to ask every time you meet someone involved in your care. The national Patient safety Foundation created the Ask Me 3 program to help patients and providers improve your health outcomes.

• What is my main problem?

- What do I need to do?

- Why is it important for me to do this?

You should ask these three questions at appointments, procedures and tests, hospital discharge and when you see your pharmacist. Never hesitate to ask follow-up questions when you are not clear as to the explanations received. Your healthcare team is here to help you and to explain your healthcare needs to you.

Pool Times:

First, the pool is now open for the Spring/Summer from 8 am to 8 pm. We'd like it to be a source of summer fun for all our residents and here are a few things that will make sure it stays open aside from regular maintenance. We have a few repairs scheduled for the Jacuzzi railing and the gates which should be completed by the end of the month if not sooner.

1. Remember to wear swimsuits, not regular clothing. The fibers, especially threads, clog and damage the filters and pumps. The pool had to be shut down on more than one occasion about two years ago and it really put a damper on

the summer swim season while we waited for the repairs.

2. Also, don't tamper with the safety equipment and don't throw rocks or other objects into the water because they can damage the liner. If that goes the pool goes! Those repairs are expensive! So if you see someone throwing rocks in there and like to swim…tell them to stop.

3. And finally, the pool closes out of courtesy to the people who live around the pool and because of the noise and vandalism we use to have. Over the past few years, nights have been more peaceful and residents have been able to enjoy their pool without constant interruption from nonresidents. Please do not try to swim when the pool is closed. Someone trespassing can wind up getting hurt and result in the pool being closed, not to mention that it's inconsiderate to the other residents in the area and might result in a fine. Absolutely no radios are allowed in or around the pool or clubhouse.

그리고 아래 글은 군 근무와 국가공무원을 은퇴하며 받은 영예

로운 글인데, 사회 문장의 다양함을 보여 주기 위해 참고로 적은
글입니다.

Certificate of Appreciation: for Service in the Armed Forces of
the United States.

To KKKKK,

I extend to you my personal thanks and the sincere appreciation
of our nation for your honorable service. You helped to maintain
the security of the United States of America with a devotion to
duty that is in keeping with the proud tradition of our Armed
Forces.

I honor your service and respect the commitment and loyalty
you displayed over the years.

My best wishes to you for happiness and success in the future.

Commander in Chief

To KKKKK,

In appreciation of your dedication and contribution to the U.S.
Customs and Border Protection, Congratulations and best wishes

for a healthy and happy retirement.

Human Resource Management

읽는 부분은 여기까지입니다. 매일 두 번 이상 읽기만 하세요. 읽다 보면 읽는 속도가 빨라지며, 흥미가 붙고 저절로 외워지며 미국 발음이 스스로 나올 겁니다. 어려운 발음 공부를 따로 할 것 없이 읽기만 하면 저절로 됩니다. 계속해서 꾸준히 매일매일 읽어 나가길 바랍니다.

매일 생활 기초 미국말

50-100개의 기본 미국말을 외우면 일상 생활영어를 할 수 있습니다. 이는 기초의 영어 뿌리가 서는 것이며, 나무의 뿌리가 튼튼하면 가지가 나오듯이 미국말도 기본을 알면 스스로 가지가 나와 자유스럽게 미국말을 하게 됩니다.

───────────→ 매일 소리 내어 읽고, 기초 50여 문장을 외우면 영어, 미국말을 하는 겁니다. 열심히 소리 내어 매일 읽으며, 2부를 외우세요. 미국말, 이렇게 간단합니다. 그런데 반드시 지켜야 할 사항이 있습니다. 외운 후에 다음으로 넘어가세요. 외우지 않고 책장만 넘기며 진도만 나가면, 또다시 영어·미국말을 하지 못합니다.

1 처음부터 하루에 **3-5**문장을 외우든가

2 2부에서 아니순서에 무관하여 2-3부에서 좋은 문장만 골라 하루에 **3-5** 문장을 외우세요.

참고사항: 여기 나열된 순서대로 하지 말고 쉬운 것부터 골라 공부하세요. 1번 자기소개는 처음엔 어려우니까 나중에 하세요. 가족에 대한 사돈 같은 다양한 단어를 소개하고자 길고 다양하게 하였습니다. 1번은 단어만 보고 나가셔도 됩니다. 순서보다 쉬운 문장부터 골라 공부하세요.

1. 자기소개하기
Introducing myself

여기서 자기 나이, 이름 등을 바꾸면 됩니다. 외워서 사용하세요.

여러분 내 이름은 잔도입니다.

Hi there, my name is John Doe.

나는 70세이며 세 명의 아들과 네 명의 딸이 있으며, 모두 결혼하고 딸 하나는 아직 미혼입니다.

I am 70 year old man and I have 3 sons and 4 daughters. All our children are married except one daughter is still single.

큰아들은 의사로 개인의료원을 가지고 있습니다.

Our eldest son is a medical doctor and he opened his own clinic.

둘째 아들은 공학도로 설계사무소에서 일합니다.

Our second son works at blue printing construction office as a
civil engineer.

셋째 아들은 상업을 하지요.

Our third son has his own store and he sells clothes.

첫째 딸은 성악가이고, 둘째 딸은 은행에서 일합니다.

Our first daughter is a singer and our second daughter works at
the Bank as a teller.

셋째 딸은 학교 선생입니다.

Our third daughter is a school teacher.

넷째 딸은 회사원인데, 아직 미혼입니다.

Our fourth daughter works at an office and she is still single.

첫째 며느리는 집에서 집안일을 하고, 둘째 며느리는 방송국 아
나운서입니다.

Our first daughter in-law is a homemaker and second daughter in-law works at a broad casting company as an announcer.

셋째 며느리는 학교 교사이며, 며느리의 아버지는 국회의원입니다.
Our third daughter in-law is a school teacher and her Dad is a congressman.

첫째 며느리 엄마는 미용사이지요.
Our first daughter in-law's Mother is a hair dresser.

큰손자는 경찰이고, 둘째 손자는 변호사이며, 셋째 손녀는 대학생이지요.
Our first grand son is a police officer, second grand son is an attorney and our third granddaughter is a college student.

우리는 사돈끼리 잘 지내고 있답니다.
We, in-laws are getting along very well.

며느리와 시어머니 사이도 아주 좋답니다.

They all have very good relationships between daughter in-law
and their mother in-laws.

나는 공무원으로 40년 근무를 하고 은퇴하였지요.

I was working for the Government for over 40 years and I am
now retired.

2.기러기 가족과
원어민 학원 학생들을 위한 대화

· 딸과의 아침 대화 ———————→

(Morning conversation between Mom and daughter)

엄마: 얘야, 일어나. 학교 가야지.

Honey, it's time to get up for school.

란: 아이, 졸려. 엄마, 5분만 더 자면 안 돼?

I'm very sleepy. Can I sleep 5 more minutes please?

엄마: 안 돼, 이미 늦었어. 빨리 일어나 세수하고 이 닦고 아침
식사해.

No, it is already late. Get up, wash your face, brush teeth and eat your breakfast.

란: 알았어, 엄마. 일어날게.

OK Mom, I'll get up.

엄마: 먼저 세수하고 이 닦고 아침 식사해.

First, go wash your face, brush teeth and have a breakfast.

란: 세수하고 이 닦았어, 엄마.

Alright, I washed face and brushed my teeth.

엄마: 자, 이제 이리 와서 아침 식사해.

OK then, come eat your breakfast.

엄마: 숙제 다 했니?

How about your home works did you finish all your home

works?

란: 아! 수학 숙제 잊었어, 엄마.

Oh, I forgot to do math.

엄마: 아침 한 후에 내가 봐 줄게.

After breakfast, I'll give you a hand.

엄마: 이제 숙제는 했고, 학교 가야지.

OK, your homework is done, get ready for school.

란: 학교 다녀올게, 엄마.

I'll be home after school.

엄마: 차 조심하고, 학교 끝나면 집으로 바로 와.

Watch out for cars and come home right after school is over,

honey.

엄마: 애야, 아빠 오셨다. 인사해.

Your Dad is home, do greet to your Dad.

· **딸과의 오후 대화** ─────────→

(Afternoon Conversation between Mom and daughter)

란: 엄마, 나 집에 왔어.

I'm home Mom.

엄마: 오늘 학교 어땠니?

How was your school today, honey?

란: 재미있었어. 숙제가 많아 그렇지.

I enjoyed classes but they assigned too much homework.

엄마: 그런 날도 있어, 얘야.

Sometime, that happens.

란: 엄마, 나 오늘 상 탔어.

Guest what Mom, I got an award today!

엄마: 무슨 상인데? 잘했다, 우리 딸.

That is great honey, what kind of award is it?

란: 이달의 모범학생 상이야.

It's a student of the month award.

엄마: 우리 딸 장하다. 아빠 오면 얘기해.

Well, what an At-ta-girl that is. Let your Dad know when he gets home.

엄마: 이리 와, 간식부터 먹고 숙제 해.

Come here, have a snack first, then do your homework.

란: 간식 뭐야, 엄마?

What kind of snack mom?

엄마: 너 좋아하는 부침개야.

I made pancakes for you I know they are your favorite.

란: 고마워, 엄마.

Thanks Mom.

란: 야, 맛있다. 엄마가 최고야.

Wow, these are delicious. You are the best, Mom.

엄마: 맛있다니 좋다. 먹고 숙제 해.

I'm glad to hear that honey. After your snack, do your

homework ok?

란: 엄마, 나 TV 하나만 보고 할게.

I just want to watch 1 TV show first, can I?

엄마: 그래, 딱 하나만 보고 숙제 하는 거야.

OK honey. just one then do your homework.

란: 그래, 엄마. 고마워.

Great! Thanks Mom.

란: 아빠, 잘 다녀오셨어요?

Hi Dad! Did you have a good day at work?

아빠: 응, 좋았어. 넌 학교 어땠어?

Yes. How was your day at school?

엄마: 자, 모두 와. 저녁 먹어.

Come on everybody, dinner's ready.

아빠, 란: 야, 만찬이네. 고마워.

Great foods, thanks!

아빠: 설거지는 내가 할게. 여보는 쉬어.

I'll wash the dishes after dinner, you go rest now honey.

엄마: 고마워, 여보. 얘야, 저리 가자.

Thanks Babe. Let's go over there my dear.

아빠: 자, 이제 잘 시간이야, 11시야. 모두 잘 자.

Time for bed, it is 11 o'clock already. Good night every one.

엄마, 란: 벌써 그러네. 모두 잘 자.

Oh yes, it is that late already, good night everyone!

※ 미국에선 부모가 자녀에게 'honey'를, 부부나 연인끼리는
　'honey', 'Babe'라는 단어를 사용합니다.

여기까지만 안 보고 말할 수 있으면 미국말을 하는 겁니다. 여기서 더 아래 문장을 외워 말할 수 있으면, 말하는 폭이 한층 넓고 다양해집니다.

· 학교에서의 수업 ──────→
(During classes at school)

선생: 여러분, 안녕? 출석 부른다. 란! 수!

Good morning everyone? It is time for roll call. Ran! Soo!

란: 네.

Present. (미국에선 "네"라는 대답 대신 "present or here"라 대답함)

수: 네.

Here.

선생: 마일, 올슨은 결석이군.

Michael, Olson is absent today.

선생: 수학책 20페이지 펴세요. 구구셈.

Open up page 20 in your math book, timetable.

선생: 오늘 수업은 여기까지이고, 내일 숙제는 생물책 15페이
지 염색체 읽고 올 것.

Class is over now. Here is your homework assignment, Read
your biology book page 15 on chromogen.

선생: 숙제 해오고, 좋은 시간 갖도록!

Finish all your homework and have a good day.

란: 희야, 너 전학생 봤어? 뚱뚱한 애?

Hey Hee, did you see that chubby boy, the new Transfer student?

희: 뚱뚱한 애? 야, 보기 흉해. 너무 뚱뚱해.

That chubby boy he is gross! He's fat, chubby.

란: 그래도 표시는 마. 기분 나빠하니까.

Don't say that too loud Hee, you will hurt his Feeling!

희: 그럼 안 하지, 너니까 하지.

Sure he can't hear me. It's just you and me.

란: 왕따시키는 건 나빠.

Bullying someone is bad thing to do.

희: 그럼. 싫어도 모두 같이 잘 지내야 해.

You are right we should all get along, even if we have a different opinion of each other.

· 자녀와 부모의 공부, 장래희망에 대한 대화 ⟶

(Conversation between parents and children for their studies and future)

공부하는 건 어떠니?

Do you like to study?

나 공부 좋은데? 재미있어.

I like to study. It's fun for me.

그래, 공부가 제일 좋은 장래의 길이야. 열심히 하여 사회에 이바
지해.

You're right. School is the best way to prepare for your future.

Study hard and become the person you want to be and

contribute to our society.

자녀교육도 잘 시키는 부모가 되어라. 해외공부도 가능하도록.

Be a good parent and help your children continuing their higher

education overseas, if you can.

난 수학, 물리, 화학공부는 싫어. 그런 과는 머리가 아파요.

I don't like Math, Physics, and Chemistry. Those subjects give me a big headache.

그럼 음악이나 예술은?

How about music or the Arts?

그런 과목은 좋아.

They're ok.

지금 너 몇 학년이지?

What grade are you in now?

지금 고 2, 11학년이야.

I'm a junior, 11th grade.

대학에 갈 생각이라면 수학과 물리를 공부해야 해.

If you are planning to go college then you need to study math, physics.

공부가 싫으면 뭐하고 싶은데?

If you don't like to study, then what do you want to do?

장래직업도 생각하며 그 일로 먹고사는 돈은 나올지도 생각해 봐야지.

You have to think about your future whether it will provide a decent living.

결혼하면 아내와 자녀들을 위해 필요한 돈도 생각해야지.

You need to think about financial matters for your family.

그 심한 경쟁에서 이길 자신이 있는지, 생각해 봐라.

Can you handle the competition?

좋은 배우자를 만나 행복한 가정을 이루어야 한다.

Hope you find a very good partner and have a wonderful family.

성격이 완만하며 배려할 줄 아는 사람이 되어야 한다.

Be a good man and care for other people too.

친구들과 사이 좋게 지내며 존경받는 행동을 해라.

Try to get along with your friends and be a person people respect.

믿음과 의리가 있는 사람이 돼라.

Be a trusty and honorable person.

착하고 근면하며 열심히 일하는 사람이 되어야 한다.

Be a sincere and hard working man.

가정을 첫째로 하고, 그리고 여유 있으면 남을 도우라.

Take care your family first, and help others if you can.

더불어 아래에 엄격한 대화 두 가지를 소개합니다.

Get over here right now. You are grounded for the rest of the day!
너 당장 여기로 와! 오늘 아무 데도 못 나가!

엄격한 미국 부모가 애한테 매섭게 호통하며 집에서 나가지 못
하게 하는 무서운 대화입니다. 이런 매서운 부모도 있습니다.
군대에서의 엄격한 대화 하나 아래에 소개합니다.

Flat out speaking, you'd better confess now whoever broke it,
I mean it. When the Lieutenant said that, Kyle freaked out and
confessed that he was the one who broke it.

소대장이 매섭게 고백하라고 위시하자, 카일이 겁을 먹고 본인
이 했다고 자백했습니다.

3. 일반인을 위한 대화

· 외국인과의 대화 ————————→

아래의 문장을 외워서 아무 외국인하고 대화해 보세요. 마음에 드는 몇 문장을 먼저 외워 보세요. 말은 여러 형태로 다양하게 할 수 있습니다.

실례합니다. 잠깐 얘기 좀 할까요?

Excuse me do you have a few minutes so we can talk?

영어를 배우는 중이라 잘못합니다.

I am just learning English and I can't speak it very well.

어느 나라에서 오셨나요?

What country are you from?

한국에 온 지는 얼마나 되었나요?

How long have you been here?

한국 날씨는 지낼 만해요?

Do you like the Korean weather?

한국 음식은 입에 맞나요?

Do you like Korean foods?

어떤 음식들이 입에 맞나요?

What type of Korean foods do you like?

한국인들 지내는 데 괜찮나요?

Don't Koreans bother you while you're staying here in Korea?

무슨 일을 하러 오셨나요?

What do you do for living?

한국에 대해 물어보고 싶은 거 있나요?

Do you have any questions about Korea?

나는 대학생 2학년인데, 대학에서 경제학을 전공해요.

I am a sophomore at the H University here and I am majoring
in economic.

언제 식사 같이했으면 하는데, 시간 있으세요?

I'd like to have dinner with you, if you have the time?

좋아요, 내일 오후 1시면 좋아요.

That's fine with me. How about 1 pm tomorrow?

내일 어디서 만날까요?

Where do you want me to meet you tomorrow?

광화문 부근의 음식점에서 오후 1시에 만나요.

Let's meet at H restaurant at 1 pm. It is located near the
Kwangwhamoon.

좋아요, 초대해 주셔서 고맙고 그날 만나요.

It is fine. Thanks for inviting me. See you then.

여기입니다. 이리로 오세요. 오시는 데 불편은 없었나요?

I am here. Did you have any problem getting here?

차로 오셨나요?

Did you come by car?

운전은 복잡하고 주차도 어려워 전철 타고 왔어요.

Seoul is not easy to drive in or find parking, so I came by subway train.

여기 식사메뉴 있어요. 무슨 음식 주문할까요?

Here's menu what would you like to order?

불고기, 만두, 삼겹살 중 어떤 메뉴 드실래요?

Which one would you like to order Bulkoki, Mandu or the samkupsal?

매운 거 잘 드세요?

Do you like hot food?

불고기 시키지요. 약간 매운 거 좋아해요.

I'd like to order the Bulkoki. I would like the mild hot one.

불고기 맛이 좋습니다.

Bulkoki tastes very good.

오늘 만나 반가웠습니다. 잘 가시고 또 만나요.

It was nice meeting you. Good bye and I'll see you again.

· 아파서 결근할 때 ⟶

(Calling in Sick)

Me: 안녕하세요? 단인데, 몸이 안 좋아 결근하려는데 책임자
바꿔 주세요.

Good morning, this is Don. I don't feel well today, may I

speak to supervisor?

Office: 잠깐만요, 바꿔 줄게요.
Please hold on. I will get him for you.

Supervisor: 책임자 킹입니다.
This is supervisor King speaking.

Me: 책임자 킹, 나 오늘 몸이 안 좋아요. 감기 걸린 것 같아 오늘 결근하려 해요.
Supervisor King. I don't feel well today. I think I got the flu. I'll be taking a sick day today.

Supervisor: 좋아요, 오늘 8시간 결근입니다. 쉬고 곧 일어나기 바라요.
OK, I got you for 8 hours of sick leave today. Rest and I hope you feel better soon.

· **이발소에서의 대화** ————————→

(Barbershop for hair cut)

Barber: 어떻게 깎아 드릴까요?

How would you like your hair cut?

Me: 양쪽은 짧게 깎고 위는 약간만 잘라 주세요.

Cut it short on both my sides, and a little off on top.

Barber: 거울 보세요. 어때요?

OK, look in the mirror. How's this look?

Me: 좋은데요? 감사합니다.

Looks great! Thanks.

Barber: 머리에 샴푸 하실래요?

Do you want shampoo on your hair?

Me: 네, 해 주세요.

Yes, please.

Barber: 머리 가르마 할래요?

Do you part your hair?

Me: 네, 오른쪽에 해 주세요.

Yes, part on my right.

· 의사와의 약속 ⟶

(Medical Dr's appointment)

Office: P병원입니다. 무엇을 도와드릴까요?

This is P medical center, may I help you?

Me: 밀러 의사와 약속을 하려고 합니다.

Yes, I like to make an appointment with Dr Miller.

Office: 성함이 어떻게 되지요? 생년월일은요?

What is your name and date of birth?

Me: 잔 도이고요, 생일은 2010년 1월 10일입니다.

My name is John Doe, and my D.O.B is January 10th, 2010.

Office: 어느 날짜가 좋은가요?

When would like to see Dr?

Me: 혹시 자리 있으면 5월 2일이요.

On May 2nd if you have an opening.

Office: 스케줄 확인해 볼게요. 네, 5월 2일 아침 8시, 10시 그리고 오후 3시가 있습니다.

Let me check Dr's schedule. Yes, I have 8 am, 10 am and 3 pm on that day.

Me: 그럼 아침 10시로 하겠습니다.

OK then, I'll take 10 am.

Office: 어떤 이유로 의사 선생님을 보려 하지요?

What is the reason want to see the Dr?

Me: 매년 하는 정기검진을 받으려고 합니다.

For my annual physical

Office: 5월 2일 아침 10시로 약속이 완료되었습니다.

Ok, see on May 2nd at 10 am.

Dr: 맨 마지막 변은 언제였고 변 색깔은요?

When were your last bowl movement, and what color was your stool?

Me: 오늘 아침에 했고요, 변 색은 야간 검정이었습니다.

It was this morning and color was a little dark.

· 치과와의 약속 ⟶

(Dentist appointment)

Office: 여기는 Hart 치과입니다. 무엇을 도와드릴까요?

This is Dr Hart's dental office, may I help you?

Me: 치아 클리닝 약속하려고요.

Yes I like to make an appointment to have my teeth cleaned.

Office: 언제가 좋은가요?

When do you want see Dr?

Me: 내일 시간 있습니까?

How about tomorrow?

Office: 잠깐만요. 내일 오후 4시가 있습니다. 어때요?

Let me check his schedule. Only 4 pm is available tomorrow, is

it ok?

Me: 좋아요, 오후 4시로 하지요.

I will take it.

Office: 내일 오후 4시 의사 선생님과 치아 클리닝 약속이 완료
되었습니다.

OK, you have a teeth cleaning appointment with the Dr at 4
pm tomorrow.

〈 참고할 말들 〉

왼쪽 잇몸이 부었어요. 아마 썩은 이가 있나 봐요.

My left side gum is swollen I may have decays.

이를 때우려 해요.

I need a filling.

금니를 하려고요.

I need a crown.

부분 틀니 하려고요.

I need a partial denture.

약국에서 필요한 말들 ⟶
(Drug store - pharmacy)

나: 약제사가 부를 때까지 서서 기다립니다.

Wait at waiting line until pharmacist call you.

약제사: 다음 분 오세요.

Next

나: 처방창구 앞으로 걸어가 처방서에 생년월일, 이름을 사인
하고 약제사에게 줍니다.

Walk up to prescription drop window and fill up your date of
birth, name, sign your name and hand it to pharmacist.

약제사: 30분 기다리세요.

Please wait about 30 minutes.

나: 이름을 부르거나 30분이 지난 후, 창구에 가서 내 약이 준
비되었는지 물어도 됩니다.

When your name is called or do not call you after 30 minutes
go to window and ask to pharmacist that your medicine is ready
to pick up.

약제사: 약이 준비되었습니다. 어떻게 돈을 지불할래요? 돈을
내면 약에 대해 설명해 줄 겁니다. 약 사용법과 후유증 등을 설
명합니다.

Your medicine is ready. How are you going to pay it? When you
pay it she will explain how to use medicine, it's side effect etc.

나: 만일 궁금한 사항이 있다면 묻고, 감사하다고 인사하세요.

Ask her if you have any question otherwise, say thanks.

※ 미국 약국에선 의사처방 없이 약을 살 수 있는데, 이 약을 '오
버더카운(over the count) 약'이라 하고, 의사처방(prescription)이 있

어야 하는 약은 의사처방을 약국창구(prescription drop)에서 접수해야 합니다. 참고로, 약 종류는 대개 아래와 같습니다. 외울 필요는 없고, 알아 두면 도움이 될 겁니다.

· Over the counter medicine 의사처방 없이 진열된 곳에서 살 수 있는 약

· Prescription-prescribed medicine 의사처방서로 사는 약

· Antibiotic medicine 항생제약

· Flu medicine 독감주사

· Cold medicine 감기약

· Cough medicine 기침약

· Diarrhea (loose bowel) medicine 설사약

· Itching medicine 가려운 데 먹는 약

· Cut medicine 상처에 바르는 약

· Swollen medicine 부은 데 바르는 약

· Bee sting medicine 벌에 쏘인 데 바르는 약

· Insect bite infection medicine 벌레에 물려 감염됐을 때 필요한 약

· Flu shot 유행성 감기약

· Luke warm water 뜨겁지 않고 약간 따뜻한 물
  (약에 대한 설명을 들을 때 알아야 함)

· Tap water 수도꼭지에서 나오는 물 (마시는 물을 말할 때 사용됨)

· Headache, stomach ache medicine 두통과 복통에 먹는 약

· 오는 전화 받는 요령 ─────────→

(Answering incoming phone calls)

Me: 여보세요, 김 씨 집입니다.

Hello, this is the Kim's residence.

Caller: 제니퍼 바꿔 줘요.

Let me talk to Jenifer.

Me: 전화 잘못 걸었네요. 여기엔 제니퍼라는 사람이 없습니다.

You've got the wrong number we don't have a Jenifer here.

Caller: 미안해요.

I am sorry.

Me: 괜찮아요.

That's ok.

Me: 여보세요. 김입니다.

Hello, this is Kim speaking.

Caller: 희 바꿔 주세요.

Let me talk to Hee.

Me: 잠깐만, 희 불러 줄게.

Just a minute I'll get him for you.

Me: 네, 김인데요.

Hello, Kim speaking.

Caller: 나 마일이야, 김 씨.

Hi Kim, this is mike.

Me: 야, 오랜만이다 마일. 웬일이야?

Hi Mike? What's up?

Mike: 오는 추수감사절 날 저녁 식사에 네 가족을 초대하려는데, 어때? 올 수 있어?

I like to invite your family for Thanksgiving dinner. Can you come over?

Me: 그럼 갈 수 있지. 우리 갈게. 초대해 줘서 고마워.

Sure we can. We would be glad. Thanks for inviting us.

Mike: 무슨 말을. 오후 5시에 우리 집에서 보자.

You're welcome. We will see you at 5 pm, at our house.

Me: 또다시 고마워. 우리 꼭 갈게. 잘 있어, 마익.

Thanks again. We will be there, bye Mike.

· 누군가에게 전화할 때 ─────────→
(Calling Someone)

Me: 여보세요? 마일 좀 바꿔 주세요.

Hello, may I speak to Mike please?

There: 그런 사람 없는데……. 전화 잘못 걸었네요.

We don't have a Mike here I think you got the wrong number.

Me: 죄송합니다.

I am sorry.

Me: 여보세요. 마일 있어요?

Hello, may I speak to Mike?

There: 기다려요. 바꿔 줄게요.

Hold on please, I will get him.

Mike: 마일입니다.

Mike speaking

Me: 마일, 나 김이야. 어떻게 지내니?

Hi Mike, it is Kim, how are you?

Mike: 나야 잘 지내지. 지난번 통화한 지 꽤 되었구나.

I am fine. It's been for a while since I talked with you.

Me: 글쎄, 차 사는 데 대해 물어보려 전화했어.

Yes it has been. The reason I called you is to ask you about buying a car.

Mike: 말해, 뭔데?

Go ahead what can I do for you?

Me: 차를 살까 하는데, 어떤 차가 좋을까?

Which car is a good to buy?

Mike: 새 차, 아니면 중고차?

Are you buying a new one or used one?

Me: 중고차. 우리 아들이 고등학교 졸업하는 데 사 주려고.

Used one I would like to buy one for our son. He is graduating

from high school.

Mike: 축하해. 걔가 벌써 졸업이구먼. 중고차면 기아나 도요타

모두 잘나가.

Congratulations, he is graduating already? Well, Kia and Toyota

both are good running cars.

Me: 고맙다, 마일. 그럼 기아차 사야겠다.

Thanks Mike. I think I will buy a Kia car then.

Mike: 너의 아들 차 좋은 거로 사길 바라.

Good luck on your purchase.

· 은행에서 새 계좌 열기 ⟶

(Opening a new account)

은행에 들어가면 은행원 창구가 있고 한쪽 책상에 은행원이 앉아 있습니다. 새 계좌를 열려면 책상에 앉아 있는 은행원 앞에 가야 합니다.

Banker: 무엇을 도와 드릴까요?

What can I do for you?

Me: 새 은행 계좌를 열고 싶어요.

I want open a new account.

Banker: 보통계좌요, 저축계좌요?

OK, do you want a checking account or a savings account?

Me: 보통계좌요.

A Checking account

Banker: 매월 요금 없는 보통계좌로 할까요?

Do you want a free checking account?

Me: 네.

Please

Banker: 성함, 생일, 주소 그리고 운전면허증을 보여 주세요.

What is your name, date of birth, and address? May I see your

driver's license please?

Me: 여권이 있는데, 괜찮아요?

I have my passport. Is that OK?

Banker: 그럼요. 얼마로 계좌를 열까요?

Sure. How much money would you like to deposit in your new

account?

Me: 3,500불이요.

$3,500

Banker: 여기 임시계좌요. 계좌책이 편지로 도착할 겁니다. 약
10일 걸립니다. 질문 있으세요?

Here is your temporary account until you get your new
checkbook. It will take about 10 days for you by mail. Do you
have any question?

Me: 아니요.

No.

Banker: 우리 은행을 찾아 주셔서 감사합니다. 좋은 하루 보내
세요.

Welcome to our bank. Have a nice day.

· 카운터에서 일하는 은행원: Teller

· 매월 수수료 안 내는 은행 계좌: Free checking account

· 저축계좌: Savings account

· 새로 여는 은행계좌: Open new account

· 돈을 은행에 적립함과 현금 찾는 말: Deposit and withdraw cash

· 은행 구좌내용서: Bank statement

(Conversation between fellow workers and boss)

인사하는 표현이 여러 가지입니다. 아래는 회사에서 동료나 상사에게 건넬 수 있는 여러 가지 인사말인데 맘에 드는 거로 하세요. 상황에 따라 선택하여 인사하면 될 것이며, 대화를 이어 나갈 수 있도록 몇 문장도 덧붙였습니다.

안녕하세요?

Howdy?

안녕? 뭐 재미있는 일 있어요?

What's up?

안녕? 뭐 새로운 일 있나요?

What's new?

요즘 어떻게 지내세요?

What's up to recently?

친구야, 잘 지내?

How you been doing lately buddy?

요즘 무슨 생각하고 있니?

What have you in mind recently?

지난날 호세가 내게 한 말이 지금도 자꾸 마음에 걸려.

What Jose said to me the other day, it still bothers me.

알아. 그건 정말 비겁하고 치사한 말로 모욕이며 기분을 많이
건드렸지.

I knew it. It was a really cheap shot, insulted and hurts your
feeling.

그래. 아직도 기분이 그래.

Yes it was. It really hurts my feelings.

그러나 친구야, 잊어. 걔 그러는 거 모두 알잖아. 비겁하고 찌질하
며 양심 없고 변덕스러운 사람이라는 거 너도 잘 알잖아.

Come on, ignore him. Everyone knows he is not a cool guy anyway. He is a cranky and resentful man. You know that.

그러려고 해도 그게 잘 안 돼서.

I tried to ignore him but it's not that easy to forget about it.

차분해져, 이 사람아. 멋있게 잊고 다음으로 가자.

Be cool man. Be a better man and let's just move on.

네 말이 맞아. 그건 잊고 다른 얘기하자.

You are right I will try. Let's talk about something else.

그럼 그래야지. 이제 너답게 제대로 돌아가는군.

Here we go, it is cooking now.

야, 친구! 요즘은 어떻게 지내니?

Hey dude, what have you been up to?

뭐 별로.

Not much. Just, so and so

네 연애는 잘되어 가고?

How's your love affair going on?

그럼, 우린 아직도 뜨겁지.

We are still hot and heavy buddy.

사랑에 빠졌을 때가 인생에서 가장 좋은 때인 걸 아니?

Being in love is best time of your life, do you know it?

알지. 사랑에 빠지니 세상이 모두 내 것 같이 아름다운 걸.

I believe so. When I am in love, whole world turns out beautiful
for me.

그렇지. 사랑할 땐 그런 거야. 즐거운 인생 즐기고, 네 여자 친구
에게 내 안부 전해 줘.

Oh yes, that happens. Enjoy the love of your life and say hello
to her for me.

여기 행복한 사람 '단'이 오네. 진급 축하해, 슈퍼바이저 단.

Here comes happy man Don. Congratulations for your

promotion. Supervisor Don.

고마워. 이제야 해냈지. 쉽지 않은 거 너도 잘 알잖아.

Thanks. Finally I got it. It wasn't easy to get it, you know that.

안녕하세요, 상관님?

Good morning boss, how are you?

주말을 어떻게 보냈나요?

How did you spend your weekend?

가족과 함께 피크닉을 갔어요.

I went on a picnic with my family.

좋은 피크닉이었어요. 햇볕도 쪼이고 경치 구경 잘했습니다.

It was a very good picnic. We enjoyed the sun and nice scenery

우리 새 프로젝트는 어떻게 되어 갑니까?

How's going on our new project?

그들이 우리와 함께 프로젝트를 하겠지요?

Are they working with us for this project?

이 프로젝트에 대한 회의를 곧 진행하려 합니다.

We are going to have a meeting soon regarding this project.

내가 이 회의를 위해 준비할 게 있나요?

Is there anything I can prepare for that meeting?

그래요. 회의를 위해 책상을 정리해 줘요.

Yes please set up a meeting table.

좋습니다. 기쁘게 그러겠습니다.

No problem. I will do it gladly.

자 여러분, 우리 새 프로젝트에 대한 회의를 한 시간 동안 하려고

합니다.

Well, this meeting, we will discuss for our new projects about an hour.

괜찮다면 그 일에 대해 의견이 있습니다.

I may have an idea for that matter, if you don't mind.

그거 참 좋은 생각입니다. 고마워요.

That was a very good idea, thanks.

이제 회의를 마치겠습니다.

Now, meeting is over.

※ 미국에서의 교통법규

아래는 참고 사항이니, 외우지 마세요.

미국에서의 운전: Driving in America

주택지역: Resident area ――대개 25-35마일로 천천히 운전

시가지: City, downtown area ――대개 35마일 속도로 천천히 운전

고속도로: Free way driving.

미국 고속도로는 대개 양쪽 모두 4차선인데, 가장 오른쪽 선이 가장 느린 속도로 운전해야 하고, 왼쪽으로 갈수록 속도가 빨라지므로 뒤에 5차 이상이 가까이 따르면 오른쪽 느린 선으로 차선을 바꾸어야 하며, 안 바꾸면 ticket을 받습니다.

경찰차, 소방차, 구호차가 어느 방향에서나 flash lights을 반짝이면 속도를 줄이고 차를 느린 선으로 옮긴 다음, 도로 우측의 -shoulder- 공간에 -pull over your car- 차를 세운 후 지나간 후에 다시 운전합니다. 만일 경찰차가 내 차 바로 뒤에서 반짝이면 차를 도로 밖으로 세우되, 차에서 나오지 말고 가만히 앉아 있어야 하며, 경찰이 차에서 나와 면허증과 보험을 보자 하면 보여 주세요. 과속으로 Ticket을 주면 사인하고, 만일 부당하다고 생각하면 법정에 가겠다고 하면 서류를 주며, 후에 법정에 출석하면 됩니다.

미국고속도로에는 맨 왼쪽에 다이아몬드 그림이 있는 차선이 있는데, 이 차선은 2사람 이상이 탄(어떤 곳은 3인 이상이니 사인을 반드시 보고 운전할 것) 차가 가는 길이며, 혼자 운전하다 걸리면 비싼 벌금을 냅니다. 이 선을 '다이아몬드', 'HOV' 또는 'Commuter lane'이라 하며 하얀 굵은 선으로 그어져 있습니다.

Police Hot Pursuit: 경찰차가 사이렌을 크게 울리고 불을 번쩍거리며 달려가는 걸 말하며, 범죄자를 추격하거나 비상사태에 대비해 달려가므로 모든 차들이 양보하도록 법이 규정하고 있으며 −slow down and move over to right lane immediately and pull over to on shoulder− 방해 시에는 처벌을 받습니다.

소방차, 앰뷸런스 차량도 마찬가지로 비켜 주어야 합니다. 그렇지 않으면 처벌받습니다.

Give a right of way to emergency vehicles the Ambulance and the Fire trucks also. If not you will get a ticket for violation.

미국의 경찰들: 미국은 연방경찰Federal Law Enforcement Officer−FBI, CIA, DEA 등이 있고 (옛 세관 · 이민국 the C.B.P − Customs and Border Protection도 연방경찰임) 지역관할경찰 − Deputy Sherriff 이 있고, 각 도시에는 도시경찰 −City Police, 고속도로 경찰 −− Highway Police − CHP − California Highway Patrol, 백악관과 국회의 −Capital Police와 각 대학의 대학 경찰 −−College Police 등 여러 경찰이 있는데, 각기 관할구역이 다르며 자기 관할

이 아닌 지역에서는 경찰 행위를 못합니다.

　Sheriff 경찰들이 법정에서 질서를 지키고, 도시는 주로 자주 보게 되는 시경찰 -City Police 인데 복잡하나 도로위반이나 중범죄는 모두 관할합니다.

Driving courtesy - Ignore Road Rage be patient and let them in. Do not respond to those, hot temper road rages.

운전예절 - 성질 급한 광폭한 운전자들에 신경 쓰지 말고 양보하세요. 그들의 잔악한 운전에 절대 응답하지 마세요. 다칩니다.

pull over - 차를 세우라는 말입니다.

Parking - 아래와 같은 주차가 있습니다.

Meter parking - 도시의 도로가에는 주차 미터기가 서 있고 동전을 넣어 차를 세웁니다.

Valet parking - 주차장 안으로 들어가거나 주차하는 표시가 있는 곳에 세웁니다.

운전면허 -운전면허는 필기시험을 통과하고 도로테스트를 통과하면 나옵니다.

Car tab - 매년 해만 바꾸는 연도 표시인데, 해마다 요금을 내면 나옵니다. 매년 갱신해야 하므로 갱신통보가 안 와도 갱신 달을 기억하여 연도표를 바꿔야 하며, 날짜가 지나면 벌금이 나옵니다. 컴퓨터 온라인에서 쉽게 갱신할 수 있습니다.

· 미국에서의 분리수거 ──────────→

아래는 미국에서의 일상생활에 사용되는 말로, 외우지 않아도 됩니다.

거주지에 Waste Management 쓰레기회사가 일주일에 한 번, 지정된 요일에 집 앞에 쓰레기통을 내놓으면 걷어갑니다. 쓰레기 버리는 통, 종이 재활용통, 잔디나 풀통 그리고 동물배설물통이 따로 있고, 통 수에 따라 요금이 다르게 책정됩니다. 쓰레기통은 매주 거두어 가나 재활용은 격주로 거두어 가고, 풀이나 잔디통은 여름철엔 매주 가져가나 다른 철엔 격주로 가져갑니다.

Residential areas trash collections. Waste Management Company.

집 앞에 내놓으세요.

Place your trash can on the Curb side.

쓰레기통을 아침 7시까지 집 앞에 내놓으세요.

Place your trash can on the curb side by 7 am in the morning.

격주로 계획된 요일에 재활용통을 집 앞에 내놓으세요.

Place your Recycle can on the curb side bi-weekly, on your
collection scheduled date.

여름철엔 매주 지정된 요일에 집 앞에 풀통을 내놓으세요.

During Summer time, place your yard waste can on the curb
side every week on your scheduled pick up date and time.

격주로 애완배설물을 집 앞에 내놓으세요.

Place your animal waste can on the curb side every other week.

당신의 개 배설물은 본인이 치우세요.

Pick up your dog poop.

4. 해외여행
Oversea travel

· **미국행 비행기에서부터 입국수속 절차** ────────→

비행기 안에서는 비행 동안 음료와 식사를 제공하고 안전벨트와 화장실 안내를 합니다.

그리고 비행기가 도착하면 Jet way를 따라 이민국에 가면 줄이 미국인 줄 -Returning U.S. Citizen 과 글로벌 -Global Entry 줄 -신원조회 마치고 신속 수속하는 줄 그리고 방문자 -Visitors 를 위한 줄이 있는데, 방문자 줄에 서세요. 가족당 서류는 한 장만 쓰면 됩니다. 여권과 이민국, 세관용지를 가지고 앞사람을 따라 줄을 서면 큰비행장은 1시간정도 수속시간이 걸립니다. 맨 먼저 여권과 입국서류를 보고 여행 목적, 음식물 소지, 돈 만 불 이상 가져오느냐 등을 묻고 손가락지문 그리고 사진을 찍습니다.

이 수속이 끝나면 짐 찾는 케로셀에서 짐을 찾고 또다시 세관짐

조사를 하는데, 또다시 음식과 돈의 소지에 대해 묻지요. 음식은 과일, 고기 등은 통과시키지 않으니 있으면 반드시 있다 하세요. 만일 없다고 했다가 나오면 벌금을 물으나, 있다 하면 빼앗아 가기만 합니다. 이때 돈은 가족 전체 구성원 모두가 가진 돈 모두를 합해야 하고, 미국 돈과 한국 돈, 일본 돈 등 각 나라의 돈을 모두 합해 만 불이 넘으면 넘는다고 말하여 서류만 채우면 되지만, 없다고 했다가 발견되면 압수당하고 벌금을 내야 합니다. (이때 부인들이 남편 몰래 숨긴 돈을 얘기해야 합니다.) 여기 신고하는 돈은 한국정부에 자동으로 보고하지 않으니 걱정은 마세요.

모든 절차가 끝나면 출구로 나가는데, 다른 비행기를 타려면 Transfer 쪽으로 나가 짐을 다시 실어야 합니다. 미국은 첫 번째 공항에서 이민·세관절차를 마쳐야 하기에 짐이 모두 나오고 수속을 마친 후 본인이 다시 비행기에 실어야 하므로, 다른 비행장으로 간다 하여 바로 나가지 말고 반드시 짐을 찾아 조사 후 Re-check에 가 다시 짐을 본인이 실어야 하니 다른 공항으로 바꿔 타는 승객은 나가기 전 직원에 물으세요.

짐 –Cart은 전철에 가지고 탈 수 없으니, 짐은 다시 벨트에 올리고 사람만 들고 가는 물건을 가지고 전철에 타서 짐 찾는 곳 –– Baggage Claim 사인을 보고 계속 따라가면 짐 찾는 곳에 도착하니, 거기서 짐을 찾으세요.

이 모든 절차를 아래에 전개하니, 반드시 외우세요. 미국거주 자는 이민국 키아스 -kiosk 머신에 가셔서 언어 선택 후 여권을 기계에 대고 사진이 보이면 선택한 후 답변하고, 수속절차를 마친 후 짐 찾는 곳으로 나오면 됩니다. 아래의 대화는 외워 두면 아주 편리합니다.

승무원: 주스, 콕, 물 가운데 무엇을 드실래요?

What would you like to drink juice, coke or water?

수: 오렌지주스 주세요.

Orange juice please.

승무원: 여기 오렌지주스요.

Here is an orange juice.

승무원: 소고기, 닭고기 중 무엇을 드실래요?

What would you prefer beef or chicken?

수: 소고기 주세요.

Beef please.

승무원: 기장이 안전벨트를 안전히 착용하라 했습니다.

Captain announced to please put on your seat belt and fasten it
securely.

승무원: 비행기가 흔들리니 화장실 사용을 기다리세요.

Please wait for laboratory while the airplane is experiencing
turbulent.

승무원: 기장이 지시할 때까지 안전벨트를 착용하세요.

Please fasten your seatbelt until captain gives you the ok, to
release it.

승무원: 비행기가 착륙했습니다. 비행기가 활주로를 움직이니
안전벨트를 매세요.

The airplane is landed. Continue to keep your seatbelt fastened
until we are done Taxing.

승무원: 여기 이민국, 세관용지가 있어요. 써 넣으세요.

Here are immigration and customs Declarations please fill them out.

승무원: 미국인 줄과 방문자 줄이 있습니다.

There are separate lines for U.S. Citizens and Visitors.

이민국 직원: 여권과 세관신고서를 주세요.

Passport and customs declaration please

직원: 이 여행의 목적은 무엇입니까?

What is purpose of this trip?

수: 3주간 여행입니다.

About 3 weeks of sightseeing.

직원: 이곳에 친척이 있습니까?

Do you have any relative here in U.S.?

수: 네, 삼촌이 시애틀에 살아요.

Yes, I have my uncle, who lives in Seattle

직원: 음식물을 가지고 오셨나요?

Are you carrying any food item?

수: 네, 요리한 김과 김치요.

Yes I have processed seaweed and kimchi.

직원: 만 불 이상 가져왔습니까?

Do you carry more than $10,000?

수: 아니요, 그렇게 많은 돈은 없어요.

No, I don't carry that much money.

직원: 그럼 얼마나 가져왔습니까?

How much money do you carry then?

수: 3천 불을 가져왔습니다.

I have about three thousand dollar.

수: 얼마인지 모르겠는데, 세어 봐야겠어요.

I am not sure. I want to count my money.

직원: 엄지손가락 여기에 올리세요.

Place your thumb here for fingerprint.

직원: 2번째 손가락 올리세요.

Place your index finger on the machine here.

직원: 4번째 손가락 저기에 올리세요.

Place your 4th finger there.

직원: 이제 가세요. 케로셀 3번에서 짐을 찾으세요.

OK, you may leave now and get your baggage at carousel 3.

세관원: 짐은 다 찾았나요?

Do you have all your bags?

수: 네.

Yes.

직원: 세관용지 이리 주세요.

Let me see your custom declarations.

수: 여기요.

 Here it is.

직원: 누군가에게 줄 선물을 가져오셨나요?

Did you bring any gifts for your friends?

직원: 판매하기 위한 상품을 가져왔나요?

Did you bring any commercial item for sale?

수: 아니요.

No.

직원: 이제 나가세요.

You may leave now.

· 길을 물을 때 ⟶

(Asking directions)

길을 묻는 말도 다양합니다. 그래서 같은 말을 여러 형태로 표현했으니, 마음에 드는 말을 선택해서 사용하세요. 외우시면 큰 도움이 됩니다.

수: 실례지만, 택시를 어디서 타야 하지요?

Excuse me, where can I catch a taxi?

수: 실례지만, 버스 타는 곳이 어디지요?

Excuse me, where can I catch the bus?

수: 미안합니다. 전철 타는 곳을 알려 주세요.

Excuse me, where is the subway station?

수: 여보세요. 이 건물을 찾는데, 어딘지요?

Hi, I am looking for this building can you tell me where it is?

수: 길을 잃었어요. 고속도로로 나가는 길을 알려 주세요.

I got lost. Can you tell me how to get to the highway?

수: 이 주소가 어디인지 아세요?

Hi there, do you know where this address is?

수: 박물관이 어디인지 아세요?

Excuse me do you know where the museum is?

수: 병원이 어디에 있나요?

Hello, where is the hospital?

수: 약국이 어디에 있나요?

Hello, where is the drugstore?

수: 은행이 어디에 있나요?

Excuse me, Can you tell me where there is a bank?

수: 대학이 어디에 있나요?

Hello there, do you know where this college is?

미국인: 여기서 곧장 2블록을 가면 왼쪽에 있어요.

Go straight for 2 blocks from here. Then it is on your left.

미국인: 여기서 우측으로 가서 끝에서 왼쪽으로 3블록을 가면
오른편에 있습니다.

Go right from here and turn left at the end and go another 3
blocks, then it's on your right side.

미국인: 여기서 2블록을 곧장 가면 바로 거기에 있습니다.

Go 2 blocks straight, you can't miss it.

수: 시내 가는 데 요금이 얼마인가요?

How much is fare to downtown?

· 호텔 예약하기 ————————→
(Hotel reservation)

미국에는 비싼 고급 호텔이 있고, 조금 싼 모텔이 있습니다. 큰 도시 내에는 주로 큰 호텔이 있고, 고속도로 주변에는 운전자들이 자고 가는 모텔이 많이 있는데, 거기에는 음식점, 주유소도 주변에 함께 있습니다.

· 전화로 예약하기 ————————→
(Phone reservation)

Me: 그곳이 XX 호텔입니까?

Is this xx hotel?

Hotel clerk: 네, 맞습니다. 무엇을 도와드릴까요?

Yes it is. May I help you?

Me: 방을 예약하려고요.

I would like to make a room reservation.

Clerk: 여기에 언제 오세요?

For what date are you coming here?

Me: 5월 16일부터 3일 밤을 머무르려고 합니다.
From Tuesday May 16th, for 3 nights.

Clerk: 방은 몇 개 필요하고, 인원은 얼마나 됩니까
How may rooms you want, how many people?

Me: 방 두 개, 어른 두 명과 아이 둘인데, 각 방을 2 더블침대
로 하고, 금연방 그리고 낮은 층으로 해 주세요.
2 rooms 2 adults and 2 children give us 2 double beds, non—s
moking and the lower floor please.

Clerk: 네, 방 두 개 있습니다. 성함과 생일, 주소는요?
OK, we have 2 rooms for you. Name, date of birth and address
please?

Me: 잔도라 하고요, 생일은 1990년 1월 1일입니다. 한국에서
온 여행자이지요.

My name is John Doe date of birth is 01−01−1990. I am a
traveler from Korea.

Clerk: 신용카드번호와 만기날짜는요? 비자인가요, 마스터카드
인가요?

What is your credit card number and expiration date? Is it Visa
or Master Card?

Me: 비자카드이고요 번호는 XXX이고, 만기일은 2020년 6월 입
니다.

It is a Visa and the number is xxx, it expires on June 2020.

Clerk: 네, 예약이 완료되었습니다. 5월 16일부터 3일 밤 5월 18일
까지 방 두 개입니다. 오후 3시부터 방을 사용할 수 있고, 나가는
시간은 아침 10시입니다. 무료 아침식사는 아침 6시부터 10시 까
지 식당에서 드실 수 있습니다.

You have a reservation with us from 05−16 to 05−18−2015 for
3 nights, 2 rooms. Check in time is 3 pm and check out time is
10 am. We have complimentary breakfast from 6−10 am here

in the dining area.

Me: 감사합니다.

Thanks.

· **호텔 사무실에서의 예약** ────────→

(Making reservation at front desk)

Clerk: '다음 분 오세요.' 하면 앞으로 간다.

'Next please.' then walk to front desk clerk.

Me: 어른 두 명과 아이 둘인데, 오늘 밤부터 3일 밤을 자려고 해요. 각 방을 2 더블침대로 하고, 금연방 그리고 낮은 층으로 해주세요.

I would like rooms for 3 nights, 2 adults, 2 children I want 2 double beds in each room, nonsmoking and the lower floor please.

Clerk: 성함과 생일, 주소는 어떻게 되세요?

What is your full name, date of birth and address?

Me: 잔도라 하고요, 생일은 1990년 1월 1일입니다. 한국에서 와서 여행 중입니다.

My name is John Doe, date of birth is 01-01-1990 and I am a traveler from Korea.

Clerk: 신용카드와 만기일은요?

May I have your credit card number and expiration date?

Me: 여기 제 비자카드요.

Here is my Visa Card.

Clerk: 여기 방 카드요. 1층입니다. 여기서 오른쪽으로 가세요. 그러면 방이 오른편에 있습니다. 나가는 시간은 아침 10시이고, 아침 6시부터 10시까지 무료 아침식사가 있습니다. 즐겁게 머무세요.

Here are your room keys. Your room located on first floor. Go to your right and your room will be on the left. Check out time is 10 am and we have complimentary breakfast from 6−10 am here, in the dining room. Enjoy your stay.

Me: 감사합니다.
Thanks.

Clerk: 차종류와 차면허본호는요 ?
What is make and year of your car and license plate number?

Me: 토요타구요 차프레잍번호는 워싱톤주 222KA 입니다.
Toyota and plate number is WA 222KA.

· 차 렌트 ⟶
(Car Rental)

　먼 장소에 놀러 갈 때는 차를 빌려 타고 가는 것도 좋습니다. 여러 종류의 차들을 빌릴 수 있고 가격도 저렴하며, 특히 Enterprise 는 집으로 모시러 와서 편리합니다. 대개 Avis, Enterprise, Budget

등의 회사들이 차를 빌려줍니다. 차를 빌린 후에는 빌렸던 장소로 돌아와서 돌려주어도 되고, 어느 도시에 가서 같은 회사에 돌려주어도 되므로 상황에 따라서 편리하게 반납 가능합니다.

가스는 현금이나 가스카드 또는 신용카드를 받으며, 오레곤 주는 주유소에서 가스를 넣어 주는 사람이 가스를 넣어 주므로 차에 앉아 있으면 됩니다.

차 하나 빌리러 왔습니다.

I like rent a car.

지방 사용인가요 아니면 다른 주 사용인가요?

Is it local use or out of State?

지방 사용입니다.

It is for local driving.

사용 후 여기로 반납하려고요.

I will return here

거기까지 가서 거기서 차를 반납하는 외길 사용인데요.

I want one way rental and I like to return there when I get there.

차 손상이나 분실을 위한 보험 들래요?

Do you want coverage insurance for damage or theft?

트럭, 승용 어떤 차를 원하세요?

Do you want a truck or a small car for rent?

승용차요.

A small car please.

· 쇼핑하기 ──────→

미국 상점은 음식 파는 식품 그로서리가 있고, 물건을 파는 백화점이 있습니다. 그로서리는 코스코, 원코와 같이 큰 상점도있고, 주택가에 작은 편의점들이 있으며, 몰에는 여러 체인상점들이 모여 있고 또 독자 상점들이 있습니다.

백화점 Shopping Mall 안에는 대개 Sears, JC Penny, Dicks, Macy 등이 있습니다. Walmart, Fred Myer, Ace 등은 각자 다른 건물에 상점들이 있습니다.

Clerk: 뭐 시실 물건이 있으신가요?

Are you looking for something special?

Me: 네, 여자 옷을 찾고 있습니다.

Yes, I am looking for women's clothes.

Clerk: 이쪽으로 오세요. 저쪽에 있습니다. 맞는 옷을 찾으시길 바랍니다.

Come this way please. They are over there. Hope you find something you like.

Me: 신발은 어디에 있나요?

Where is shoe?

Clerk: 신발은 3층에 있습니다.

Shoe department is located on 3rd floor, upstairs.

Me: 여자 화장실은 어디에 있나요?

Where is the lady's rest room?

Clerk: 2층에 있습니다. 저 에스컬레이터를 타고 가세요.

Lady's rest room is on 2nd floor. Use that escalator.

· 음식 주문하기 ─────→

미국 음식점에는 음식을 주문하고 기다리는 Restaurant이 있고, 그보다 빨리 나온다 하여 Fast food 음식점들이 있습니다.

먼저 주문하고 기다리는 정규 음식점인 Restaurant에서는 문을 열고 들어가면, 자리 나올 때까지 기다리라는 말을 합니다. 자리 가 나면 이름을 부르며 자리로 안내합니다. 그리고 앉으면 메뉴를 주고 주문하면 됩니다.

Fast food stores에는 Burger King, McDonald, Pizza hut, Taco bell 등이 있습니다. Fast Food 음식점에 들어가면 주문창구 위에 음식 메뉴가 있고 주문번호가 있으니, 만일 음식 이름이 서툴면

번호로 주문해도 됩니다. 주문 시 여기서 먹을 건지 가져갈 건지 묻습니다. 여기서 먹을 거라면 "히어(Here)"라고 하고, 아니면 "투고(To go)" 하면 됩니다.

주문하면 주문번호를 주는데, 어떤 곳은 주문자 이름을 물어 음식이 나오면 이름을 부르는 곳이 있으니 이름을 물으면 '케이', 아니면 '박'이라 하여 이름이나 성을 말하면 됩니다. 그리고 기다렸다가 이름을 부르면 음식을 찾아 먹으면 됩니다.

Cashier: 무엇을 주문하시겠어요?

What would you like to order?

Me: 5번 2 더블버거와 2 작은 음료를 주세요.

Number 5, 2 double burgers and 2 small drink.

Cashier: 이게 전부지요?

Is that all?

Me: 네.

Yes.

Cashier: 이름이 무엇입니까?

What is your name? (이땐 첫 이름만 주세요. 음식이 준비되면 부릅니다.)

Me: 케이입니다.

Kay.

Cashier: 총 20달러입니다.

Total will be 20 dollar.

Me: 여기 제 신용카드요.

Here is my credit card.

Cashier: 여기서 드세요, 나가서 드세요?

Is it to here or to go?

Me: 여기서 먹습니다.

Here.

Cashier: 여기 주문번호와 컵이요. 마시는 건 저기 있어요. 음식이 나오면 부를게요.

Here is your order number and cups. Drinks are over there. We
will call you when food is ready.

5. 대화를 주고받을 때의 대답

외워서 유용하게 사용하세요.

말은 여러 가지로 다양하게 표현할 수 있으므로 상대편이 말할 때 받아주는 말도 다양합니다. 참고하셔서 한 가지만 계속 사용하면 재미없으니, 다양한 문장을 적극 활용하여 대화를 즐기세요. 어떤 분은 시종일관 "으응." 만으로 상대의 말에 답하는데, 이건 아니지요. 다양하게 하세요. 모두 같은 뜻입니다.

· Yes 대신 사용 가능한 말들 ⟶

잔: 오늘 점심 각자 부담으로 냉면 어때?

How about going Dutch treat for nangmyun today?

잭: 그거 좋아, 그러자.

That works for me.

도: 나도 좋아! 그래, 그러자.

I will buy that.

란: 아주 좋은 생각이야. 나도 찬성!

It is a great idea.

희: 나도 좋아.

I am for it also.

선: 그래, 나도 좋다.

Me too!

도: 점심도 먹었고, 집에 가면 안 될까?

We had a lunch, what you say going home?

잭: 무슨 말을 하는 거야? 일하러 가야지, 친구야.

Are you kidding? We got to go for work.

· 강력한 No 의사표현들 ⟶

참고로 아래에 대화 때 자주 사용되는 말 하나를 소개할까 합니다.

"무슨 자다 봉창 두드리는 잡소리야!"

이 말은 아래와 같이 여러 표현이 있습니다. 어느 거나 사용해

도 됩니다.

Are you kidding me?

That's baloney.

Don't give me that crap!

No way Jose!

That's garbage.

· 그외 다양한 의사표현들 ⟶

또 대화 때 자주 사용하는 다른 말들을 모아 봤습니다. 상황에

맞게 자신의 의사를 표현해 보세요.

나도 너와 같은 때가 있었어.

I have been in your shoe

이걸 머리에 그려봐. 되겠는지.

Picture this and see it may work. (이와 같이 'Picture'는 그림 말고도 '그림을 그려 상상해 보라, 생각해 보라.'고도 사용함)

아직도 멀었어?

Are we there yet? (먼 길을 운전하고 갈 때 지쳐서 묻는 말)

이것 봐, 이제 모든 게 제대로군.

Here we go, it's cooking now.

세상에!

What in the world! (혹은) Oh my god!

무슨 생각을 하고 있는 거야?

What are you thinking?

저건 내가 제일 싫어하는 거야.

That is my last thing to do.

와 대단하구나, 아주 좋은데!

Awesome! (혹은) Fantastic! (혹은) Wonderful! (뭔가 대단한 일에 대
해 감탄하는 말로 사용)

내 뜻 잘 알잖아. 내가 무슨 말 하는지 잘 알잖아.

You know what I mean.

내가 뭐라 했어? 내 말이.

I am telling you.

지금 밖에선 여러 일들이 일어나고 있습니다.

Many things are happening now, out there. (여기에서 'Out there'는
'밖에는, 거기엔, 저기엔, 세상엔'이라는 뜻임)

웬 세상에, 이런 빌어먹을 일이.

What the heck in the world.

아, 미안해요.

Oops! (어떤 일에 가볍게 미안함을 표현할 때 사용)

어떤 일이 뜻 없이 일어나고 마는 것

Happening

다른 세상이 있어.

There is another world. (미국인들은 다른 세상이 있다며, 한곳에 오래

집착하지 않고 가볍게 마음을 바꿈)

또 다른 아름다운 세계가 있어.

There is another beautiful world.

그만 잊고 앞으로 가라.

Move on. (마음에 상처 되는 일이나 생각해 봐야 이익 될 것 없는 일은 빨

리 잊어버리는 게 대부분의 미국인들이다.)

여기까지가 2부입니다. 진도를 나가는 게 문제가 아니라, 말을

외우는 게 문제입니다. 하루에 3-5문장씩 꾸준히 외우세요. 말은

생각 않고 바로 자연스럽게 나올 수 있게 외우는 방법이 제일입니다. 어느 정도만 외우면, 그때부터는 자유자재로 영어·미국말을 할 수 있습니다. 위에서 외우라거나 읽으라는 말이 여러 번 반복되는 건 한 달에 미국말을 빨리 할 수 있는 요령, 즉 key point이기 때문입니다. 매일 소리 내어 읽고 하루 3-5 문장만 외워 50여 문장만 외우면 미국말 하는 겁니다.

업그레이드 실생활 미국말

─────────────→ 여기부터는 2부에 수록된 말들을 어느 정도 하는 수준에 올랐을 때 더욱 대화의 폭을 넓히는 말들로, 매일 방영되는 지방(Local) TV 뉴스와 주요 방송(Major TV ABC, CBS, NBC, CNN 등)에서 자주 나오는 말들입니다. TV 방송 뉴스 시간에 자주 등장하는 말뿐만 아니라, 오랜 기간 동안 미국인들과 생활하며 자주 사용되는 실생활 대화들을 모아 놓았습니다. 뉴스 방송을 볼 때뿐 아니라, 일반인들과의 대화에도 많은 도움이 될 겁니다.

다른 회화 책과의 차이점이 바로 이겁니다. 실제로 생활하며 사람들이 또는 방송 뉴스 때마다 자주 나오는 말들을 모을 수 있는 건 오직 이 책뿐이라 봅니다.

미국 방송에
자주 등장하는 단어들

아래 말들은 요즘 매일 방송뉴스에 나오는 성범죄 사건에 관한
말들입니다.

- Window Peeping - 창문 틈으로 침실, 목욕실 등 여자 몸을 쳐다
  보는 범죄 행위
- Groping - 여자 몸을 손으로 더듬는 범죄 행위
- Luring - 특히 어린애들에게 사탕이나 돈을 주며 유혹하는 범
  죄 행위
- Predator - 끔찍한 범죄를 일으킨 범죄자

성범죄가 날로 늘어 이런 단어들이 거의 매일 방송뉴스에 나오
는데, 듣는 데 도움이 될 겁니다.

기타 도움이 되는 다른 말들

아래 단어들도 매일 방송 뉴스에 자주 나오거나 일상생활에서 자주 사용되는 단어들입니다. 영어회화 책에서는 찾아보기 어려운 단어들이며, 본인이 오랫동안 살면서 들었고 방송뉴스에서 들은 단어들이니, 굉장히 도움이 되는 단어들입니다. 이 책만이 이런 단어를 소개합니다. 반드시 듣는 데 또는 사용하는 데 도움이 될 겁니다.

· Due day – 미국에서 살면서 가장 신경 써야 하는 게 바로 이 만기날짜입니다. 이날부터 이자와 벌금이 붙게 되니까요. 반드시 이 만기일 전에 지불해야 합니다.

· Produce – '생산하다'라는 이 단어는 Grocery에서 농산물 야채를 의미합니다.

· Wording – 어떤 단어를 어떻게 쓰느냐에 따라 문장의 품위가 서니까 이럴 때 단어와 문장을 나열하는 걸 '워딩'이라 합니다.

· I should say – TV에서 자주 듣는 소리로, 아나운서가 뉴스를 진행하다 말실수를 하면 이내 "I should say"라 하며 바른말로 시정합니다.

· Lap – 운동장을 돌 때 '한 바퀴'라는 말. 'Laboratory'는 비행기 안의 화장실을 뜻한다.

· Profane – foul language – 나쁜 말, 욕설. 이런 나쁜 단어는 아예 사용 말 것(Do not use profane languages please.)

· Flat out speaking – '똑똑히 들어.'라는 뜻으로, 엄하게 강조할 때 하는 말.

· cuddle – 꼭 껴안는 것

· swaddle – 갓난아이를 싸는 보자기.
"You can't take that swaddle from that baby."와 같이 쓰인다.

· Scrawny build – 앙상히 마른 사람.

· Lanky – 홀쭉히 마른.

· gut – ball – 두려워하지 않고 상관에게 떳떳이 말하는 이를 말한다. "He got a ball." 또는 "he got a gut."이라고 하면 "저 사람 강단이 세군."이 된다.

· Torso – 몸통

· freak out – 무서워 또는 놀라서

· hernia – 탈장

· mother nature – 날씨가 거칠어 폭풍 등이 불어칠 때 자연의 날씨

· stalled car– disable car – 도로에 고장 나 서 있는 차를 말한다.

"Free Way delayed traffics for hours because of a stalled car on the Free Way."와 같이 쓴다.

· inconsolable – 무슨 말로 위안할 수 없는.

· meteorologist – 방송에 나오는 기상예보자

· menopause – 폐경기 갱년기의 의학용어

· will call – 우체국 같은 곳에서 찾아가라는 쪽지를 가지고 창구에서 벨을 누르는 곳.

· myth – 꾸며낸 이야기. fault – 거짓말

· many, much – a number of – 수량이 아주 많을 때는 many –수, or much–양을 쓰나, 아주 많은 수가 아니면 a number of (times) – 여러 번을 쓰는데, 이민 1세 한인들이 많이 혼동하는 단어이다. "He made mistakes a number of times." 여러 번 실수를 했다.

· a friend of mine – 친구를 말할 때도 "한 내 친구" 이렇게 표현함. 친구 중 하나가.

· take my word for – 'trust me'와 같은 뜻인데, 미국인들이 자주 쓴다. 내 말을 믿어.

· baby shower – 미국에서 애 낳기 전에 임산부 친구들이 모여 임산부에 선물을 주는 것.

· bridal shower/party - 결혼 파티

· Wedding Afterwards - 결혼피로연

· graffiti - 담장이나 길가 건물에 쓴 낙서로, 뉴스에 자주 나옴.
"There is racial graffiti on the wall."

· capsize - 배가 뒤집히는 말로, 뉴스에 잘 나옴. "The rough
waves capsized the rowboat and one person was missing."
거센 파도로 노 젓는 배가 뒤집히어 한 사람이 실종.

· Arson - 방화.

· Felony - 1년 이상의 형을 받은 범죄 행위

· misdemeanor - 1년 이하의 가벼운 범죄 행위

· infant - 태어나서부터 10개월까지의 어린아이

· toddler -걸음마를 배우는 어린아이

· baby -너무 어려서 걷지도 못하고 말도 못하는 아이

· child - 소년소녀의 어린아이

· litter - 도로가에 버려진 쓰레기. "Please do not litter."는 도로
가에 쓰레기를 버리지 말라는 표현으로, 이런 푯말을 자주 봄.

· yank it out - 쭉 잡아 빼는 것.

· toss out - 배제된 것, 빠진 것, 제외된 것.

· at-ta-boy - at-ta-girl -장한 일을 했을 때

· tuition - 대학 학비

· hide and seek - 애들이 하는 숨바꼭질

· crank call - 집으로 오는 장난전화. "I got a crank call last night."과 같이 쓰인다.

· Cranky -cocky -신경질 부리는 사람. "Sometime, he is very cranky."와 같이 사용된다.

· weird - 정상에서 벗어난 이상한자. "He is a weird man."과 같이 쓰인다.

· block party - 미국에서 인근 주택 사람끼리 갖는 파티.

· state fair - 주에서 행하는 행사.

· irritable - 참기 어려운 사람

· idiot - 병신

· queer - 이상한, 가짜

· impersonator - 유명한 사람처럼 꾸민 사람. 주로 엘비스처럼 꾸민 이가 많음.

· gusty wind - 거세게 부는 바람

· wind chill - 실온도보다 바람으로 더 추운 것을 의미한다.

· goofy - 얼빠진 사람. "He is goofy."와 같이 쓰인다.

· Gratuity - 조그만 선물인데 공무원에게 우대하며 주는 선물.

- clique – 직장에서 높은 이를 중심으로 모인 그룹

- Caucasian – 백인

- Caucus – 미국 정치제도인데, 당원끼리 모여 서로 토론 후 지역대표를 선출함.

- Primary – 미국의 예비선거제

- When was your last bowel movement– 의사가 언제 맨 마지막 으로 대변했느냐는 질문.

- lay down on tummy – 배를 안으로 하여 드러누우라는 말.

- Cul-de-sac – 집 앞에 놓인 돌아 나오는 도로

- rotary – 도로에서 빙빙 돌아 사방으로 감

- Fork –한 길이 2-3개 길로 갈라지는 길. "This road becomes forks, keep right lane."라고 말하면, "이 길이 갈라지는데 오른쪽으로 가세요."를 뜻한다.

- Pilferage – 잘 훔쳐가는 작은 물건들

- twine – 건축자재를 파는 곳 앞에 물건을 차에 묶으라고 놓은 하얀 가는 줄인데, 많이들 잘 모른다.

- anonymous – 이름을 밝히지 않고 보고하는 것

- peek-a-boo – 어린애한테 "까꿍" 하는 소리

- plow truck – 겨울에 눈 치우는 트럭

- hard liquor-booze - 독한 술을 말하는데, 미국인들은 'booze' 라는 단어를 잘 사용하여 한인들은 잘못 알아듣기도 함.
- Treacherous - 눈비가 몰아쳐 길이 얼고 미끄러운 도로 상태
- catastrophe - 대형사고로 커다란 사고가 났을 때의 참상을 말함.
- mucus - 어려운 단어로, 한인들이 병원에서 표현 못해 애먹는 단어 '누른코 콧물'
- bottom line - 대화 중에 "요점은" 할 때 혹은 "중요한 건"
- make a long story short - 짧게 말해서
- push come to shove - 뭐에 대해 논의하다가 쉽게 결론이 안 날 때 잘라 말해서
- by all means - 모든 수단을 다 이용해서
- birds eye view - 위에서 내려다보는 조감도
- low profile - 조용히 숨어 지내는 것
- a piece of cake - 누워서 떡 먹기
- right on the money - 뭔가에 적중했을 때 "바로 그거야!"
- logo - 회사상표로 예로 각 차들의 상표들-- 기아차 상표, 현대차 상표 등
- hectic - 일이 잘 안 풀리고 꼬이는 날

What a hectic day I had today! 아침부터 재수 없이 꼬이기 시

작하여 온종일 골치 아픈 일만 일어날 때 이렇게 말한다.

· off – 미국에선 근무 안 가고 노는 날을 이 단어로 사용하고, 영국은 'holiday'라 한다.

· hit the road – 자, 출발!

· crank the engine – 같은 의미로 '출발'을 의미한다.

· hit the sack – 취침

· buck-dollar – 같은 의미인데, '달러'를 '벅'이라 하는 이가 많음.

· root canal –신경 죽임

· filling – 때우는 것

· day light savings time – 썸머타임

· crutch – 목발

· period – 여자가 한 달마다 하는 생리

· nipple – 젖꼭지

· penis, dick – 남자 성기

· vagina – 여성 음부

· butte – 엉덩이

· caesarean operation – 제왕절개

· abortion – 낙태

· breast – 여자 앞가슴

· diabetes - 당뇨

· crotch -가랑이

· urine - 소변

· pimple - 여드름

· dimple - 보조개

· constipation - 변비

· bloating - 배 안에 가스가 차는 것

· amputate - 부분을 잘라 내는 것

· fever -열 flu -감기 cough - 기침 stuffy nose - 코막힘

· runny nose - 콧물이 흐름 stomach flu - 배 감기

· potty training - 미국에선 어린이 대소변 변기 훈련시키는 걸
  말함

· Surgery - 수술

· Synchronize - 동시에 같이하는 행위로 수영경기의 하나인데,
  신호등이 차례로 파란불로 바뀌어 계속 움직이게 할 때도 이 말
  을 사용한다.

· Spanking - 주로 엄마가 애한테 가볍게 엉덩이 등을 때리는 건
  데, 지금은 볼 수 없음. "Please do not spank your child."과 같
  이 사용된다.

· Disperse – 한 군데에 여럿이 모여 있을 때 흩어지라는 말로,
"Hey you guys, disperse right away."과 같이 쓰인다. "자네들,
한 군데에 몰려 있지 말고 당장 흩어져."라는 문장형이다.

매년 졸업 때가 오면 뉴스에 자주 나오는 학교졸업식에 대한 단어들

· Valedictorian – 고등학교에서 수석으로 졸업하며 졸업식 때 연
설하는 학생

· Salutatorian – 고교 2등 졸업생

· Summa Cum Laude – 대학에서 수석졸업자

· Commencement – 미국은 대학 졸업 후 취직하여 사회 일을
시작한다는 뜻에서 'graduation 대신 이 단어를 쓴다.

도움이 되는 말들

· Brace – 이교정기 retainers – 이교정 할 때 쓴 것

· orthodontic – 치아교정

· complimentary – 미국 호텔에서 무료로 주는 간단한 아침식사

· fatal – 사고로 인명을 잃을 때 말하는 것으로, 이 단어는 아무
사고나 사용하면 안 되며, 인명을 잃게 된 사고만 사용해야 한다.

· anus – 항문

· awesome - 훌륭한 일

· you-name it - '이것저것'을 뜻하며, 너무 많을 때 사용한다.
"There are so may fruits- apple, cherry, peach- you name
it."과 같이 쓰인다.

· room and board - 자고 먹는 것. 대학에서 경비 계산할 때 사
용함.

· fantastic - 아주 좋은 것

· droop - 비틀어지는 것, 찬 곳에 얼굴을 대고 자면 얼굴이 비
틀어지는 것을 말함

· kennel - 개집

· appropriate - 적당함

· acronym - 약자로 'ASAP'를 많이 쓰는데, 뜻은 '가능한 한 빨리'.

· posture - 자세

· conjugal visiting - 감옥에서 부인과 같이 지낼 수 있게 마련한
면회실

· shingles - 대상포진

· astrology - 점성술

· amazing - 놀라운 일

· talent - 재주

- feed - 음식을 먹임(어린애나 환자들에게)
- go blue - 미국에선 이기라는 응원 단어로 'go'를 사용한다. 해당 단어는 "블루팀 이겨라"는 뜻이다.
- sibling - 형제자매
- prom - 미국은 고등학교를 졸업한 후 직장에 많이 가므로 고등학교 졸업이 큰 행사로, 졸업 전에 가지는 춤 행사를 의미한다.
- thesis - 박사 논문
- trickle down - 주로 상업에서 하나로 인해 연속하여 영향을 주는 연속 결과
- ripple effect - 작은 물결파장으로 움직이는 것
- obscene - 음탕한 obscene language - 음탕한 말
- heart breaking-nerve breaking - 슬픈 놀라운 소식
- lawn mower -잔디 깎는 기계
- mulching - 풀을 잘게 잘라 잔디밭에 까는 것
- solicitation - 귀찮게 구는 행위
- sob - 슬피 우는 것
- zodia c- 중국과 우리나라 띠, 궁
- filthy - 불결한 ·
- filibuster -미국국회에서 안을 통과시키지 못하게 시간을 끄는 행위

· bully - 왕따

· chubby - 뚱뚱한 사람

· flirting - 바람피우는 것

· Flip-flap -이랬다 저랬다 뒤집는 것

· whine - 징징대는 불평

· whining - 징징대며 불평하는 사람. "Don't whining!"과 같이
  쓰인다.

· sessile - 대학사각모에 달린 하얀 줄

· queen competition - 아주 심한 경쟁

· mood swing - 날씨처럼 사람 마음이 시시로 바뀌어 변하는 감정

· icicle -고드름

· eaves - 처마

· ebb, low tide - 썰물 High tide - 밀물

· ass hole - 나쁜 놈

· kiss my ass - 엿 먹어(이 말은 나쁜 말로, 서부영화에 가끔 나와 소개
  하니 참고하고, 절대 사용은 마세요.)

· incompetent - 무능력자

· suture - 수술하고 꿰맨 실밥

· lullaby, cradle song - 자장가

· breaking news - 새로일어난뉴스

· stereo type - 통상전통형태 "Man shouldn't do kitchen work is a stereo type of Korean mens' idea." 남자가 부엌일을 하면 안 된다는 말은 한국 남자들의 전통적인 사고방식이다.

· lab work - 병원의 혈액검사

· autopsy - 시체부검

· biopsy - 조직검사

· ear, nose piercing - 귀·코를 뚫어 하는 걸이. 요즘에는 혀에 도 하는 젊은이들이 있음.

· I need to go pee/poop - 나 소변·대변보러 가야 돼.

· Slam dung - 무슨 일이 확실하거나 성공된 것을 말한다. "It's not slam dung yet!"은 "아직 끝난 게 아니야!"라는 뜻이다.

· Scumbag - 정직하지 않은 불량자. "Here comes a scumbag." 는 "여기 불량자 온다."는 뜻이다.

· Totem pole - 단체생활에서 자주 나오는 말로, 단체에서 누구 의 직분이나 지위를 설명하는데 예로 "She's rather low on the totem pole." 즉 "그 단체에서 그녀는 순위가 낮아요."와 같이 쓰인다.

· Cheap skate - 구두쇠

· Agenda - 안건, 의제

· Minutes - 회의록. "Who wants to do minutes?"라고 하면,
"누구 회의록 작성자 없나?"라는 뜻이다.

· Delinquent - 불채무과실. "We are not able to loan to you
because of your past delinquent history."는 "지난날 당신의 채
무 불이행 사실 때문에 돈을 빌려줄 수 없습니다."는 뜻이다.

· Breach of contract - 계약위반. "It's a breached of contract."
와 같이 쓰이며, "그건 계약위반입니다."라는 뜻입니다.

· Tort claim - 잘못, 해를 끼치거나 다쳤을 때 하는 민사소송
으로, 돈의 한계가 있음. "Torts include someone's trespassing
on your land or using your idea for a movie script."는 "이 소
송은 내 땅에 침입했거나 내 것을 이용한 영화 글이 포함됩니
다."를 뜻한다.

· No Trespassing - 들어오지 말라는 경고

· No Soliciting - 잡상인들같이 귀찮게 하지 말라는 사인.

· Rooming House - 방세 주는 집

· Tomboy - 남자들이 하는 놀이를 하는 여자를 뜻하며, '말괄량
이'를 의미함.

· Protocol - 서류회의록 원본, 절차고수의 규정

· Blooper - 공공장소에서 벌어진 실수

· Tom, Dick, and Harry - 너 나 할 것 없이 어중이떠중이

· Brown, Jones, and Robinson - 돈푼 있는 자들을 가리키며, 이들을 "Nodded, Noddy"라 하며 고개를 약간 위로 치켜 올리며 있다고 뽐내는 모습을 표현함.

· Chaperone - 미국에서 어린 학생들이 Field trip 갈 때 부모들 한테 "학생과 같이 가면서 학생들을 안내해 주는 것" 학교에서 가끔 부탁하는 공문이옵니다.

· Give it a try - 한번 해 봐

· Owe - 빚. "How much do I owe you?"라고 쓰이며, "전부 얼마죠?"라는 뜻이다.

· So to speak - 말하자면 developing story, breaking news - 새로운 뉴스

· holy cow - 저런 일이!

· come to think of it - 생각해 보니

· adds up - 보태면, 티끌 모아

· bed wet - 침대에 오줌 싼 것

· outnumber - 수가 너무 많아

· mother nature - 일상 날씨

· Edible - 먹을 수 있는 것

· jiggery-pokery - 사기, 속임수

· binge eat - 너무 많이 계속 먹는 것

· get rid off - 없애 버리는 것

· Inflammation - 염증

· Vigilant - 조심스레 지켜보는 것

· left over - 먹다 남은 것, 쓰다 남은 것

· cat litter - 고양이 똥

· brush fire - 숲 불

· Bib - 수도꼭지

· Hibernate - 동면

· Fast - 단식. "8 hour fast"라고 하여, 8시간 단식으로 혈액조
  사 전 의사가 굶고 오라고 할 때 사용되는 말이다.

· Naughty - 오만

· pass away - 숨진 것, 돌아가신 것

· nail down - 좁혀 가면

· Voyeurism - 성적으로 훔쳐보는 것

· Idiot - 바보

· Jackass - 멍청이

· Vandalize - 부수는 것

· Vandalism - 파괴

· Paging - 광고안내, 비행장 등에서 승객에게 알리는 안내방송.

· messed up - 엉망으로 실수한 것

· colonoscopy - 대장검사

· ambulatory surgery - 가벼운수술로 수술후 집으로가는수술

· adultery - 바람핌

· polygamy - 일부다처

· ligament - 피부조각

· sinew - 근육체력

· spree - 흥청거림

· Robo call - 사람이녹음하여오는 상업전화로 최근나온 티비뉴
스 단어

영어 공부를
위한 좋은 말들

A moment of patience in a moment of Anger prevents a thousand moments of regret.

화났을 때 잠깐 참는 게 훗날 수천의 후회를 방지합니다.

It's nice to be important but, it's more important to be nice.

중요한 사람이 되는 것도 좋으나, 더 중요한 것은 좋은 사람이 되는 것이지요.

미국
군대에 대한 단어들

이 말은 참고 사항으로("핫 투 쓰리 포"), 군대에 대한 말들입니다.

· Chin in, Chest out lean on back and straight out! - 턱은 집
  어넣고, 가슴은 활짝 펴고, 등은 똑바로 세워 씩씩하게 걷는
  군인의 행진 자세. 행진하며 군가를 부르는 걸 "Cadence"라 함.
· Salute - 경례
· Attention - 차렷
· Parade Rest - 열중쉬어
· Rest - 쉬어, 제자리에서 쉬는 것으로, "At Easy"라고 하면
  움직이며 쉬어도 됨
· Right Face - 우향우
· Left Face - 좌향좌

· About Face - 뒤로 돌아

· File Formation - 4열 횡대로 집합

· Column Formation - 4열 종대로 집합

· Boot camp - 신병훈련소

· Commanding General - 지휘관

· Chief of Staff - 참모장.

· Personal hygiene - 군에서 아침점호하며 이발 상태나 세수 등
  위생을 검사함

· Sick call - 군대에서 아파 의사에게 가는 것

· mess hall - 군대식당

· chow line - 식사하기 위해 선 줄

· GI party -군대 막사대청소

Rank

· 사병: Private-Private First Class - Corporal - Specialist 4 -
  Sergeant - Staff Sergeant - Sergeant First Class - First
  Sergeant - Sergeant Major

· 장교: 2nd Lieutenant - 소위

· 1st Lieutenant - 중위

· Captain – 대위

· Major – 소령

· Lieutenant Colonel – 중령

· Colonel – 대령

· Brigadier General – 준장

· Major General – 소장

· Lieutenant general – 중장

· General – 대장

· Non-Commissioned Office – NCO – 하사관

· Officer – 장교

· Squadron – 분대

· Platoon – 소대

· Company – 중대(공군에서는 'Squadron'을 중대라 함)

· Battalion – 대대

· Regiment – 연대

· Division – 사단

· Corps – 군단

· Disciplinary action – 군대에서 징계 처분하는 것

· Article 15 – 군대에서 중대장이 주는 가벼운 징계

미국 국기에
대한 선서와 국가

이건 참고 사항입니다. 미국에서 학부형이면 가끔 학교행사에 참여하는데, 시작하기 전에 갑자기 학부형 모두가 일어나 국기를 보고 이를 낭독합니다. 알고 있으면 큰 도움이 됩니다. 대부분의 한인 학부형은 몰라서 멍청하게 서 있게 됩니다. 창피하지요. 그래서 이를 알고 있으면 큰 도움이 됩니다.

Pledge of Allegiance to the Flag - 국기에 대한 선서

I pledge allegiance to the Flag of the United States of America and to the Republic for which it stands, one nation under God, indivisible, with liberty and justice for all.

미국 국가는 큰 경기 또는 행사 때 자주 부릅니다. 할 수 있음

많은 도움이 됩니다.

The Star-Spangled Banner

Oh say can you see by the dawn's early light what so proudly we hailed at the twilight's last gleaming whose broad stripes and bright stars thro' the perilous fight.

O'er the ramparts we watched were so gallantly streaming? And the rocket's red glare, the bomb bursting in air gave proof through the night that our flag was still there.

O! Say does that Star-Spangled Banner yet wave O'er the land of the free and the home of the brave?

여러분 여기까지입니다. 2부부터 외워 대화할 수 있게 말을 외우세요. 그리고 천천히 속도에 따라 3부로 가세요. 2부도 순서대로 하거나 좋은 말만 골라서 해도 됩니다.

이 책 한 권이면 미국말을 하는 데 손색이 없을 겁니다. 사전에 좋은 단어가 많으나 모두가 실생활에는 자주 사용되지 않으나, 위의 단어들은 뉴스에 자주 나올 뿐 아니라 사회에서 일상용어로 자주 사용되니, 어려워도 알아 두면 회화에 큰 도움이 됩니다.

글을 마치며

　아래 사진은 2015년 4월 한 달간 서울 강남의 어느 교육원에서 봉사활동으로 미국말을 재미있게 배운 학생분들과 미모의 직원입니다. 이 학생 중에는 미국에 사는 친척분이 여러 번 놀러 오시라 초청을 했으나 그동안 영어가 무서워 갈 생각을 못했는데, 한 달간 미국말을 배우시더니 이제는 미국에 가시겠다고 했습니다.

　영어를 1분도 못하던 분들이 한 달 공부 후 외워서 자기소개와 함께 묻는 말 등 10분 이상을 미국말을 하십니다. 더불어 그간 배운 〈Twinkle Twinkle Little Star〉, World Disney의 빠른 어린이 노래 〈Take me Out to the Ball Game〉과 미국 민속 미조리강의 뱃사공노래 〈Oh Shenandoah〉 그리고 〈Edelweiss〉를 즐겁게 부르십니다.

　1분도 영어를 못하던 분들이 한 달 공부로 이 정도 노래를 부르고 미국말을 했습니다. 그러니, 당신도 충분히 할 수 있습니다. 영어 공부는 특히 즐거운 영어 노래와 함께 배우면 좋지요. 노래 자체가 영어이니까 말입니다. 이처럼 공부는 재미가 있어야 합니다.

I did it, so you do!
I can do, so you can!

미국말은 사회에서 매일 사용되는 말들을 쉽고 재미있게 쉬운 영어 노래와 함께 배워야 빠르게 습득할 수 있습니다. 이 쉬운 미국말 책으로 이제 미국말을 하여 즐거운 해외여행을 즐기세요.

기러기 아빠, 원어민 학원 공부 대신 직접 쉽게 집에서 하세요. 시간도 절약하고 돈도 절약하고 가족과의 헤어짐도 없이, 이 책으로 집에서 충분히 할 수 있습니다.

마지막으로 한 가지, 영어를 듣는 것, 즉 온전한 Hearing은 별 도리 없이 자주 듣는 게 방법이며, 이를 위해서는 많은 시간이 필요합니다. 좋든 싫든 모든 영화를 자주 보며 듣는 연습을 해야 하며, 영어로 말하는 TV 뉴스 등 가리지 말고 오랫동안 꾸준히 듣는 것 말고는 방법이 없습니다.

이 정도 말이면 영어·미국말이 충분합니다. 2부나 3부에서 필요한 말을 뽑아 50–100 문장을 외워 대화를 시작한 후, 3부의 다양한 단어들을 공부하면 미국 생활을 하는 데 아무런 지장 없이 자유자제로 미국말을 할 수 있고, 매일 뉴스 방송도 쉽게 들을 수 있을 겁니다.

열심히 공부하여 짧은 시간 안에 영어·미국말을 습득하여 즐거운 해외여행을 하시고, 길거리와 직장의 외국인들과 재미있는 대화를 통해 지식의 한국인임을 세계에 보여 주는 긍지 있는 모두가 되시길 바랍니다. 아울러 큰돈 드는 외국이나 학원이 아닌 집에서 공부하여, 영어의 어려움으로부터 해방되기를 기원합니다.

Dennis Kim